中等职业教育课程改革创新教材

物流服务与管理专业系列教材

物流运输实务

主　编　王爱霞

副主编　宁铁娜　张玉霞　李明玉

参　编　穆　辰　孟繁婧　耿　杰

机械工业出版社

本书主要介绍了物流运输作业的基本理论与技术，详细介绍了各种运输方式下的货物运输组织流程、作业环节和业务操作方法，分为运输认知、公路运输、铁路运输、水路运输、航空运输、特种货物运输等6个项目，共包含16个学习任务。本书采用任务目标、任务发布、任务资讯、任务操作、任务评价等任务驱动的体例结构，以实训促进理论学习。

　　本书适用于中职学校的物流服务与管理及相关专业的学生，也可作为物流行业及其他相关企业从业人员的参考用书或专题培训教材。

图书在版编目（CIP）数据

物流运输实务/王爱霞主编．—北京：机械工业
出版社，2019.10（2025.6重印）
中等职业教育课程改革创新教材　物流服务与管理专业系列教材
ISBN 978-7-111-63785-1

Ⅰ．①物…　Ⅱ．①王…　Ⅲ．①物流—货物运输—中等专业学校—教材　Ⅳ．①F252

中国版本图书馆CIP数据核字（2019）第218912号

机械工业出版社（北京市百万庄大街22号　邮政编码100037）
策划编辑：宋　华　　　　　　责任编辑：宋　华　於　薇
责任校对：王　欣　刘志文　　封面设计：陈　沛
责任印制：刘　媛
北京富资园科技发展有限公司印刷
2025年6月第1版第5次印刷
184mm×260mm·10.5印张·195千字
标准书号：ISBN 978-7-111-63785-1
定价：35.00元

电话服务　　　　　　　　　　网络服务
客服电话：010-88361066　　机 工 官 网：www.cmpbook.com
　　　　　010-88379833　　机 工 官 博：weibo.com/cmp1952
　　　　　010-68326294　　金 书 网：www.golden-book.com
封底无防伪标均为盗版　　机工教育服务网：www.cmpedu.com

中等职业教育（物流服务与管理专业）课程改革

创新教材编审委员会

主　任　李建成（上海现代流通学校）

副主任　朱为刚（天津市物资贸易学校）

　　　　　李守斌（河北经济管理学校）

　　　　　郑福辉（辽宁省农业经济学校）

　　　　　张新颖（北京市商务科技学校）

委　员（排名不分先后）

　　　　　张宝起（天津市物资贸易学校）

　　　　　张志伟（大连市经济贸易学校）

　　　　　王　涛（武汉市供销商业学校）

　　　　　张　葵（青岛市城阳职教中心）

　　　　　王妙娟（浙江公路技师学院）

　　　　　茆有柏（华北机电学校）

　　　　　章亦华（苏州工业园区工业技术学校）

　　　　　石国华（河南省外贸学校）

　　　　　陈　年（武汉市财贸学校）

　　　　　于　昊（吉林经济贸易学校）

　　　　　孙建国（沈阳现代制造服务学校）

　　　　　毛宁莉（浙江公路技师学院）

　　　　　孙明贺（河北经济管理学校）

　　　　　宋　华（机械工业出版社）

前 言

交通运输业是连接国民经济各生产环节的链条和纽带，是一个感应度和带动度很高的基础产业，被喻为国民经济"大动脉"和"先行官"。近年来，交通运输建设紧紧抓住扩大内需的历史性机遇，建网提质，内外畅通，努力构建大交通发展格局，呈现快速、健康发展势头。在这样的时代背景下，打造一本既符合时代发展要求，又遵从中职学生认知发展规律和特点的教材就显现出了必要性和迫切性。

本书适应职业学校"理实一体化"教学模式，针对国内外运输研究理论与实际运输活动过程，结合我国物流行业发展与职业教育现状，以运输作业流程为核心，系统介绍了物流管理中运输作业的全过程。

本书为中等职业教育课程改革创新教材、物流服务与管理专业规划教材，根据《中等职业学校专业教学标准（试行）》（2014）对物流人才培养的要求编写而成。

本书编写思路上重点考虑引导学生主动学习，将理论应用于实际的方法。内容设置方面，注重配合角色演练、分组讨论、教师提问等教学方法，加入数字化教学资源，方便学生自主学习。本书以任务引领、项目驱动为课程开发向导，内容通俗易懂、图文并茂，形式新颖活泼，资源包配备了大量案例、新闻、图片及视频等，内容丰富。

本书由王爱霞主编，宁铁娜、张玉霞和李明玉担任副主编，穆辰、孟繁婧、耿杰参与编写，北京络捷斯特科技发展股份有限公司的程鑫参与了数字化资源的制作工作。本书在编写过程中参考了部分专家的论著、相关教材、资料，在此对相关作者以及给予本书编写工作热心支持和关心的同志致以衷心的感谢。

由于编者水平有限，书中难免有不妥和不完善之处，望广大读者批评指正。

编　者

目 录

项目一　运输认知

任务一　运输基本认知

任务目标

知识目标

1. 熟悉物流运输的概念
2. 掌握物流运输的功能
3. 掌握5种运输方式的特点和应用

技能目标

1. 能够画出运输的流程图
2. 能够对比出5种运输方式的优缺点
3. 能够根据情况选择运输方式

素养目标

1. 具有良好的沟通能力和团队合作精神
2. 具有一定的安全意识和良好的专业行为规范
3. 能利用网络快速、准确搜集并总结有用信息

任务发布

天津好盟物流运输有限公司（以下简称"好盟公司"）位于天津市河东区先锋路中段，该公司以华南、华北、华东、西南、华中为主干线，本着诚信、务实、专业的宗旨，诚信于客户，以公路、铁路、水路、航空、管道等多种运输形式服务于客户。全面开拓全国各地的整车、零担业务，做到天天发车、准点发车、准点到达、保证低价、全程高速、安全、快速、送货及时。航空运输业务网点遍及全国主要城市，直航线路几十条，保证做到快速、及时。

2017年9月，从天津某职业学校物流专业毕业的刘龙，经过层层筛选后被好盟公司录取。入职后，部门主管李琦负责对刘龙进行岗前培训，正好当天早上公司收到几条运输信息（见表1-1-1），李琦将其发给刘龙等人，要求他们根据自己对运输方式的认识，分析一下，采用哪种运输方式最适宜。

表1-1-1　运输信息

序号	信息内容
1	把一批贵金属从天津运到北京，要求1日内到达
2	把煤炭从天津运到山东，要求3日内到达
3	把新鲜蔬菜从郊区运到市区，要求1日内到达
4	把一批钢材从天津运到厦门，要求5日内到达
5	把一批石油从天津运到新疆，要求5日内到达

刘龙是怎么完成任务的呢？

任务资讯

一、运输的概念

运输（见图1-1-1）是指人或者物借助运力创造时间效用和空间效用的活动。当产品从一个地方转移到另一个地方而价值增加时，运输就创造了空间效用；时间效用则是指这种服务在需要的时候发生。运力是指由运输设施、路线、设备、工具和人力组成的，具有从事运输活动能力的系统。

图1-1-1　运输

看一看

打开资源包，观看视频"中国外运大件运输2300t—庞然大物"，谈一谈你对运输的理解？

二、运输的类型

运输的分类见表1-1-2。

表1-1-2　运输的分类

类别标准	具体分类
按运输的范畴分类	干线运输、支线运输、二次运输、厂内运输
按运输的作用分类	集货运输、配送运输
按运输的协作程度分类	一般运输、联合运输
按运输中途是否换载分类	直达运输、中转运输
按运输设备分类	公路运输、铁道运输、水路运输、航空运输

三、运输的功能

运输的功能见表1-1-3。

表1-1-3　运输的功能

运输的功能	功能介绍
产品转移	通过改变产品的地点与位置，消除产品生产与消费之间的空间位置上的背离，或将产品从效用价值低的地方转移到效用价值高的地方，创造出产品的空间效用
产品储存	在货物处于转移中，运输目的改变时或起始地、目的地仓库储存能力有限的情况下，具有临时的储存功能

四、运输的操作流程

运输的操作流程如图1-1-2所示。

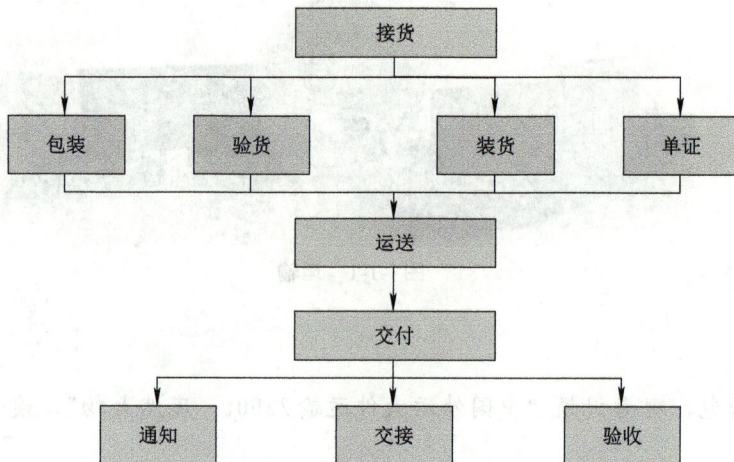

接货

包装　验货　装货　单证

运送

交付

通知　交接　验收

图1-1-2　运输的操作流程

看一看

打开资源包，阅读文档"中国与乌兹别克斯坦签署国际道路运输协定"，并回答下列问题。

1. 请简述中国与乌兹别克斯坦签署的协定名称。
2. 两国签署的协定有什么意义？

五、基本的运输方式

1. 公路运输

公路运输（见图1-1-3）是一种主要使用汽车，也使用其他车辆（如人、畜力车）在公路上进行货物运输的方式。公路运输主要承担近距离、小批量的货运，以及水路、铁路运输难以到达地区的长途、大批量货运及水路、铁路优势难以发挥的短途运输。

图1-1-3 公路运输

2. 铁路运输

铁路运输（见图1-1-4）是指使用铁路列车运送货物的一种运输方式。铁路运输主要承担长距离、大批量的货运，在没有水运条件的地区，几乎所有大批量货物都要依靠铁路运输，是在干线运输中起主力运输作用的运输形式。

图1-1-4 铁路运输

3.水路运输

水路运输（见图1-1-5）是指使用船舶运送货物的一种运输方式。水路运输主要承担大批量、长距离的运输，是在干线运输中起主力作用的运输形式。水路运输有沿海、近海、远洋、内河四种运输形式。

图1-1-5　水路运输

4.航空运输

航空运输（见图1-1-6）是指使用飞机或其他航空器运送货物的一种运输方式。它主要适合运载两类货物：一是价值高、运费承担能力很强的货物；二是紧急需要的物资。航空运输主要有班机、包机、集中托运三种运输方式。

图1-1-6　航空运输

5. 管道运输

管道运输（见图1-1-7）是利用管道输送气体、液体和固体料浆的一种运输方式。

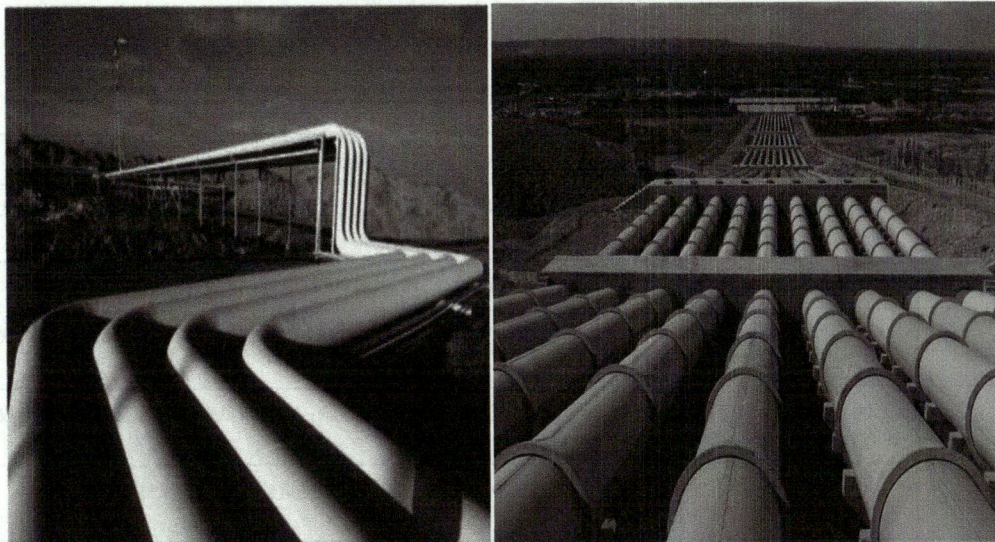

图1-1-7 管道运输

这5种基本运输方式的实际应用可见表1-1-4。

表1-1-4 5种运输方式的实际应用

运输方式	适宜运输的货物
公路运输	短程、量小的货物
铁路运输	大批量、笨重、长途运输，如矿产、金属、牲畜等工农业原料及产品
水路运输	大批量、远程、时间要求不高的货物
航空运输	急需、贵重、批量不大的物品
管道运输	主要是原油和成品油、天然气、煤浆以及其他矿浆

小贴士

5种运输方式的特点见表1-1-5。

表1-1-5 5种运输方式的特点

比较项目	公路运输	铁路运输	水路运输	航空运输	管道运输
运输效率	高	低	最低	最高	高
运输成本	高	低	最低	最高	低
运输能力	小	大	最大	最小	大
运输距离	适合短距离	适合长距离	适合长距离	适合长距离	适合长距离

六、运输方式的选择

决定运输方式，可以在具体条件的基础上，对下述5个具体项目认真研究考虑，见表1-1-6。

表1-1-6 运输方式的选择需考虑项目

考虑项目	决定依据
货物品种	关于货物品种及性质、形状，应在包装项目中加以说明，应选择适合这些货物特性和形状的运输方式，对运费的负担能力也要认真考虑
运输期限	运输时间的快慢顺序一般情况下依次为航空运输、公路运输、铁路运输、水路运输
运输成本	在考虑运输成本时，须注意运费与其他物流子系统之间存在着互为利弊的关系，不能只以运输费用来决定运输方式，要由全部总成本来决定
运输距离	300 km以内，采用公路运输；300～500 km区间，采用铁路运输；500 km以上，采用水路运输。一般采取这样的选择是比较经济合理的
运输批量	一般来说，20 t以下的商品采用公路运输；20 t以上的商品采用铁路运输；数百吨原材料之类的商品，应选择水路运输

■ 任务操作

步骤一：对比运输方式

5种运输方式的优缺点见表1-1-7。

表1-1-7 5种运输方式的优缺点

方式	优点	缺点
公路运输	机动灵活，装卸方便，对各种自然条件适应性强	运量小，耗能多，成本高，运费高
铁路运输	运量大，速度快，运费低，受自然因素影响小	造价高，短途运输成本高
水路运输	运量大，投资少，成本低	速度慢，灵活性、连续性差，受自然条件影响大
航空运输	速度快，运输效率高	运量小，耗能大，运费高，设备投资大，技术要求严格
管道运输	运具和线路合二为一，运量大，损耗小，安全性高	设备投资大，灵活性差

步骤二：选择运输方式

根据这5种运输方式的特点，结合选择运输方式需考虑的因素，除了管道运输具有特定的运输对象外，其他几种运输方式的选择如图1-1-8所示。

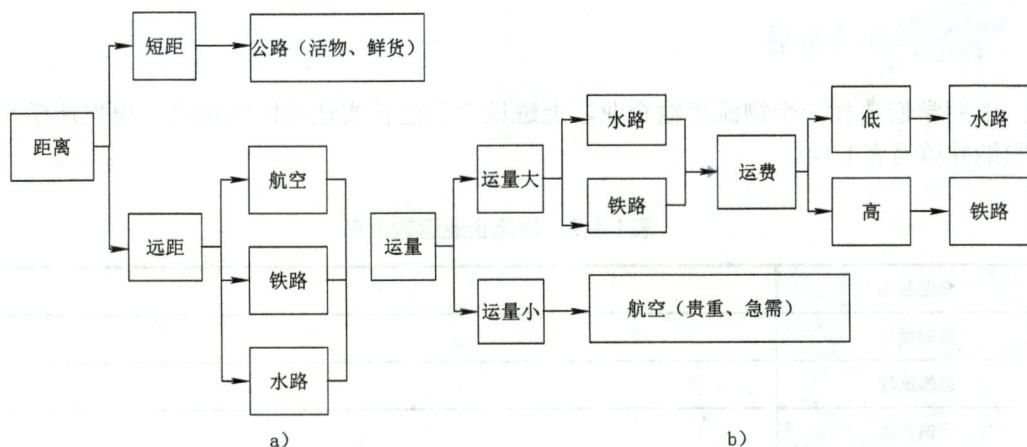

图1-1-8　运输方式选择

综上，运输方式的选择结果见表1-1-8。

表1-1-8　运输方式选择结果

信息	运输方式	理由
一批贵金属从天津运到北京，要求1日内到达	航空运输	贵金属属于贵重物品，且要求1日内到达，航空运输速度快，运输效率高，适宜运输急需、贵重、数量不大的物品
把30 t煤炭从天津运到山东，要求3日内到达	铁路运输	铁路运输运量大，速度快，运费低，受自然因素影响小，适宜长途运输
把新鲜蔬菜从郊区运到市区，要求1日内到达	公路运输	公路运输主要适用于短程、量小的货物，机动灵活，装卸方便，对各种自然条件适应性强
一批钢材从天津运到厦门，要求5日内到达	水路运输	适宜运量大、投资少、成本低、大宗、远程、时间要求不高的货物
一批石油从天津运往新疆，要求5日内到达	管道运输	管道运输主要用于原油和成品油、天然气、煤浆以及其他矿浆的运输

任务评价

姓名		学号			专业		
活动名称		运输基本认知					
考核内容		考核标准	参考分值（100）	学生自评	小组互评	教师评价	考核得分
素养评价	1	具有良好的沟通能力和团队合作精神	10				
	2	能利用网络快速、准确搜集并总结有用信息	10				
知识评价	3	熟悉物流运输的概念	10				
	4	掌握物流各运输方式的功能	10				
	5	掌握5种运输方式的特点和应用	10				
技能评价	6	能够画出运输的流程图	10				
	7	能够对比出5种运输方式的优缺点	20				
	8	能够根据情况选择运输方式	20				
		总得分	100				

任务拓展

请同学们选择一个物流运输企业，走进该企业进行实地或网络调查，根据所学知识进行归纳并填写表1-1-9。

表1-1-9 物流企业运输信息

企业名称	
运输类型	
运输流程	
运输方式	

任务二 运输合同与保险

任务目标

知识目标

1. 熟悉运输合同、运输保险的概念
2. 掌握运输合同当事人的权利和义务
3. 掌握运输保险的保险责任

技能目标

1. 能够拟订运输合同
2. 能够办理运输保险

素养目标

1. 具有良好的沟通能力和团队合作精神
2. 具有一定的安全意识和良好的专业行为规范
3. 能利用网络快速、准确搜集并总结有用信息

任务发布

2017年9月11日，好盟公司部门主管李琦早上收到天津家乐园电子玩具制造公司的运输请求（运输通知单见表1-2-1）。天津家乐园电子玩具制造公司是好盟公司首次合作的客户，该公司玩具畅销，深受消费者喜爱，每天出货量大，是一个很有潜力的客户。好盟公司准备与该公司签订长期运输合同，为了降低公司的风险，好盟公司还将为该公司运输货物办理保险业务。李琦让刘龙等人模拟完成运输合同的拟定、签约以及运输保险业务的办理。

表1-2-1 运输通知单

TO：天津好盟物流运输有限公司

我公司有一批电子玩具每隔3天从天津工厂发往上海，具体信息如下表所示：

序号	商品名称	数量	单位	重量/kg	体积/m^3	到货日期
1	玩具直升机	300	箱	1020	2580	2017-9-11
2	遥控汽车	400	箱	1123	2895	2017-9-11
3	玩具坦克	200	箱	826	2220	2017-9-11
收货单位		上海大田国际玩具中心				
收货地址		上海黄兴路89号 邮编201000				
联系人		陈×				
电话		021-3451××××，1381154××××,传真021-1230××××				

急需发运！收到请回复！

FROM：天津家乐园电子玩具制造公司 赵进满
022-8458×××× 1378273××××
天津市红旗街43号附近
邮编300000
传真022-1555××××

刘龙等人该如何模拟完成呢？

任务资讯

一、什么是运输合同

1. 运输合同的概念

运输合同(见图1-2-1)是承运人将旅客或者货物从起运地点运输到约定地点，由旅客、托运人或者收货人支付票款或者运输费用的合同。根据运输方式的不同，运输合同可分为铁路运输合同、公路运输合同、水路运输合同、航空运输合同和联合运输合同5种。

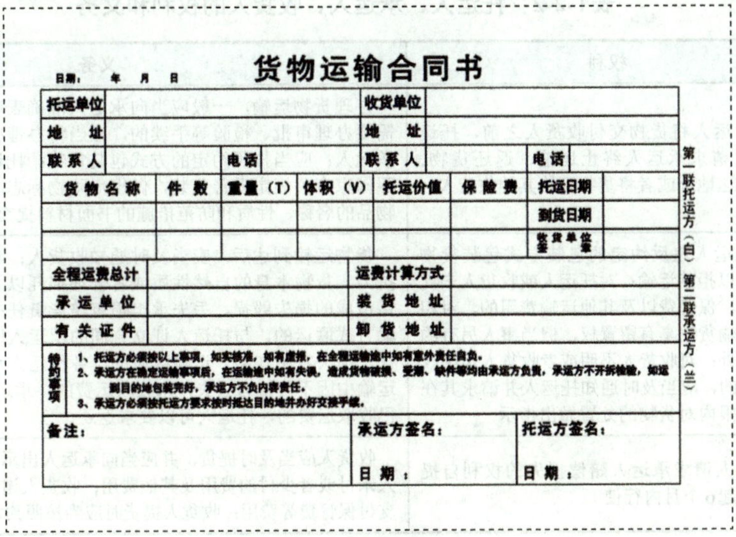

货物运输合同书

日期： 年 月 日

托运单位				收货单位			
地 址				地 址			
联系人		电话		联系人		电话	
货物名称	件数	重量（T）	体积（V）	托运价值	保险费	托运日期	
						到货日期	
						收货单位签章	
全程运费总计			运费计算方式				
承运单位			装货地址				
有关证件			卸货地址				

特约事项：
1、托运方必须按以上事项，如实填准，如有虚报，在全程运输途中如有意外责任自负。
2、承运方在确定运输事项后，在运输途中如有失误，造成货物破损、受潮、缺件等均由承运方负责，承运方不开拆检验，如运到目的地包装完好，承运方不负内容责任。
3、承运方必须按托运方要求按时抵达目的地并办好交接手续。

备注： 承运方签名： 日期： 托运方签名： 日期：

第一联托运方（白） 第二联承运方（兰）

图1-2-1 运输合同

2. 运输合同的内容

货物运输合同的主要内容包括：

1）托运人和收货人的名称及住所。

2）发货站及到货站的详细名称。

3）货物的名称。

4）货物的性质。

5）货物的重量。

6）货物的数量。

7）运输形式。

8）收货地点。

9）违约责任。

10）费用的承担。

11）包装要求。

12）合同纠纷解决方式。

13）双方约定的其他事项等。

看一看

打开资源包，阅读案例"四套茶具在托运中不翼而飞"，想想运输合同的重要性体现在哪里？

3. 托运人、承运人、收货人的权利和义务

托运人、承运人、收货人的权利和义务，见表1-2-2。

表1-2-2　托运人、承运人、收货人的权利和义务

合同方	权利	义务
托运人	在承运人将货物交付收货人之前，托运人可以请求承运人终止运输、返还货物、变更到达地址或者将货物交给其他收货人	办理货物运输，一般应当向承运人准确表明各项内容；货物运输需要办理审批、检验等手续的，应当将办理完相关手续的文件提交承运人；应当按照约定的方式包装货物；托运危险物品的，应当按照国家有关规定妥善包装，做出危险物标志和标签，并将有关危险物品的名称、性质和防范措施的书面材料提交承运人
承运人	对托运人违反约定的包装方式包装货物的，可以拒绝运输；对托运人或收货人未支付费用、保管费以及其他运输费用的，对相应的运输货物享有留置权，但当事人另有约定的除外；对收货人不明或者收货人拒绝领受货物的，应当及时通知托运人并请求其在合理期限内对货物的处置做出指示	货物运输到达后，应当及时通知收货人；对运输过程中，除不可抗力、货物本身的自然性质或者合理损耗以及托运人、收货人的过错造成的损失毁损、丢失承担损害赔偿责任；数个承运人以同一运输方式联运的，与托运人订立合同的承运人应当对全程运输承担责任。损失发生在某一运输区段的，各承运人承担连带责任；货物在运输中因不可抗力丢失，未收取运费的，承运人不得请求支付运费；已收取运费的，托运人可以要求返还
收货人	收货人请求承运人赔偿损失的权利自提货之日起6个月内行使	收货人应当及时提货，并应当向承运人出示提货凭证，并支付托运人未付或者少付的费用及其他费用；收货人逾期提货还应当向承运人支付保管费等费用；收货人提货时应当按照约定的期限检验货物

二、什么是运输保险

1. 运输保险的概念

运输保险是以运输过程中各种货物作为保险标的的一种保险。运输保险包括公路货物运输保险、铁路货物运输保险、水路货物运输保险、航空货物运输保险。

2. 运输保险的保险责任

运输保险的保险责任见表1-2-3。

表1-2-3　运输保险的保险责任

类别	保险责任
基本险	由于下列保险事故造成保险货物的损失和费用，保险人依照本条款约定负责赔偿：由火灾、爆炸、雷电、冰雹、暴风、暴雨、洪水、海啸、地陷、崖崩、突发性滑坡、泥石流造成的损失；由于运输工具发生碰撞、出轨或桥梁、隧道、码头坍塌；在装货、卸货或转载时因意外事故造成的损失；在发生上述灾害、事故时，因施救或保护货物而造成货物的损失及所支付的直接合理的费用
综合险	本保险除包括基本险责任外，保险人还负责赔偿：因受震动、碰撞、挤压而造成货物破碎、弯曲、凹瘪、折断、开裂的损失；因包装破裂致使货物散失的损失；液体货物因受震动、碰撞或挤压力致使所用容器（包括封口）损坏而渗漏的损失，或用液体保藏的货物因液体渗漏而造成保藏的货物腐烂变质的损失；遭受盗窃的损失；因外来原因致使提货不着的损失；符合安全运输规定而遭受雨淋所致的损失
责任免除	由于下列原因造成保险货物的损失，保险人不承担赔偿责任：由战争、军事行动、扣押、罢工、哄抢和暴动造成的损失；由地震造成的损失；由核反应、核子辐射和放射性污染造成的损失；保险货物自然损耗，本质缺陷、特性所引起的污染、变质、损坏以及货物包装不善；在保险责任开始前，保险货物已存在的品质不良或数量短差所造成的损失；市价跌落、运输延迟所引起的损失；属于发货人责任引起的损失；被保险人和投保人的故意行为或违法犯罪行为造成的损失；由于行政行为或执法行为所致的损失；其他不属于保险责任范围内的损失

3. 运输保险业务运作流程

运输保险业务运作流程，如图1-2-2所示。

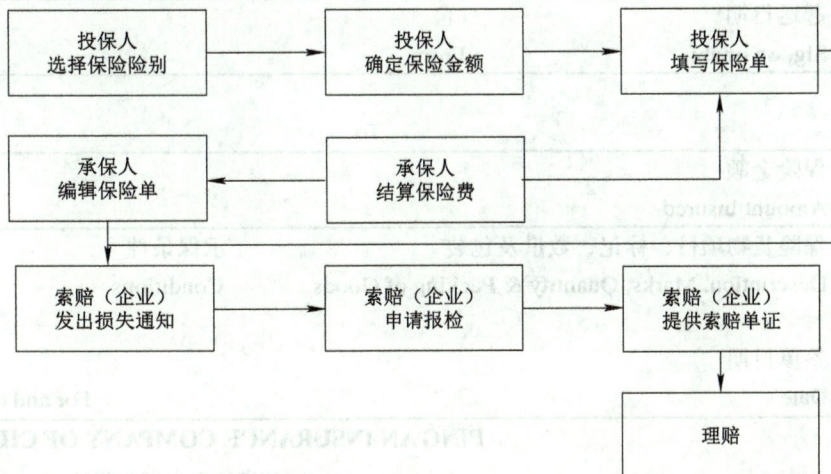

图1-2-2　货物运输保险业务运作流程

4. 运输险投保单

国内货物运输险投保单是货运企业向保险公司对运输货物进行投保的申请书，也是保险公司据以出立保险单的凭证，保险公司在收到投保单后即缮制保险单。

投保单是投保人的书面要约。投保单经投保人据实填写交付给保险人就成为投保人表示愿意与保险人订立保险合同的书面要约，如图1-2-3所示。

中国平安保险股份有限公司
PING AN INSURANCE COMPANY OF CHINA, LTD.

NO. 1000005959　　　　货 物 运 输 保 险 单

CARGO TRANPORTATION INSURANCE POLICY

被保险人：Insured

中国平安保险股份有限公司根据被保险人的要求及其所交付约定的保险费，按照本保险单背面所载条款与下列条款，承保下述货物运输保险，特立本保险单。

This Policy of Insurance witnesses that PING AN INSURANCE COMPANY OF CHINA，LTD.，at the request of the Insured and in consideration of the agreed premium paid by the Insured，undertakes to insure the under mentioned goods in transportation subject to the conditions of Policy as per the clauses printed overleaf and other special clauses attached hereon.

保单号 Policy No.	赔款偿付地点 Claim Payable at
发票或提单号 Invoice No. or B/L No.	
运输工具 Per conveyance S.S.	查勘代理人 Survey By
起运日期　　　　　　　自 Slg. on or abt.　　　　From	
至 　　　　　　　　　　　To	
保险金额 Amount Insured	
保险货物项目、标记、数量及包装 Description, Marks, Quantity & Packing of Goods	承保条件 Conditions
签单日期 Date	For and on behalf of

PING AN INSURANCE COMPANY OF CHINA，LTD.
authorized signature

图1-2-3　投保单样式

5. 一般保险理赔业务流程

一般保险理赔业务流程，如图1-2-4所示。

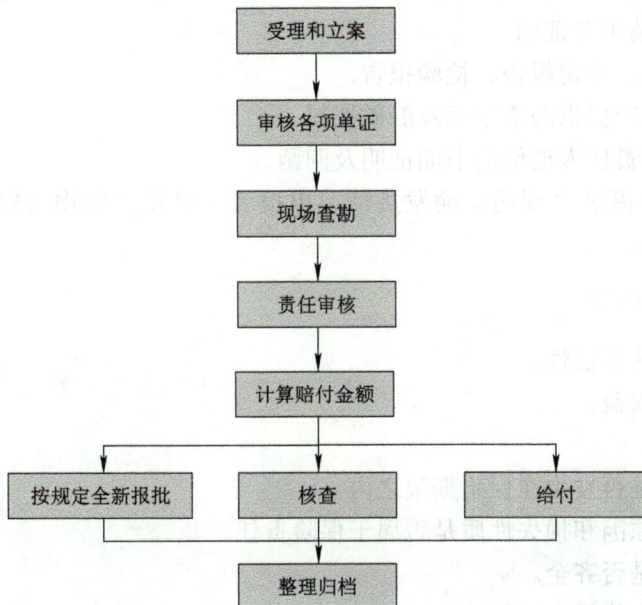

图1-2-4　理赔业务流程

6. 现场查勘的主要工作事项

1）核查出险时间。

2）检验出险货物。

3）初步判断损失原因。

4）估计损失金额。

5）查询是否有重复保险的情况。

6）现场拍照。

7）指导被保险人向第三方进行索赔。

8）施救整理受损财产。

9）指导和通知被保险人提供相应的索赔单证。

10）缮制出险查勘报告。

7. 被保险人应提交的索赔单证

1）保单正本、批单正本或保险协议、共保协议复印件。

2）索赔申请书及索赔（损失）清单。

3）提单正本、运输合同正本或其他运输单据正本。

4）货物品质证书、货物重量证书。

5）装箱单或磅码单。

6）发票、销售合同、货物清单、报关单。

7）收货人签收单及其他运输环节交接记录证明。

8）货损货差证明、责任事故证明正本。

9）施救费用清单及证明。

10）货损查勘、鉴定报告、检验报告。

11）海事案件应提供海事单证及船舶资料。

12）向第三方责任人追偿的书面证明及回函。

13）预约保险提供"预约运输发货情况申报表"以及"货物运输预约保险申报单"。

14）其他单证。

8. 核赔的主要内容

1）审核保险的合法性。

2）审核保险权益。

3）审核期限。

4）审核损失是否发生在保险期限之内。

5）审核损失原因和损失性质是否属于保险责任。

6）审核单证是否齐全。

7）审核保险货物损失及赔款。

8）核定施救费用。

9）审核赔付计算。

10）审核是否及时向责任方履行了必要的追偿手续。

任务操作

步骤一：角色分配，讨论合同条款

3人一组，1人为托运方，1人为承运方，1人为保险公司人员，讨论所要签订合同的各项条款，包括如下内容：

1）托运人及承运人的具体信息。

2）托运货物的具体信息。

3）运杂费计算标准及结算的相关信息。

4）合同有效期限。

5）其他相关条款。

步骤二：拟订运输合同

根据讨论结果编写货物运输合同，将谈判结果落实到合同条款中。

货物运输合同书

甲方（托运人）：天津家乐园电子玩具制造公司

乙方（承运人）：天津好盟物流运输有限公司

甲、乙双方经过协商，根据合同法有关规定，订立货物运输合同，条款如下：

一、货物运输期限从 2017 年 9 月 11 日起到 2020 年 9 月 11 日为止。

二、货物运输期限内，甲方委托乙方运输货物，运输方式为公路运输，具体货物收货人等事项，由甲、乙双方另签运单确定，所签运单作为本协议的附件与本协议具有同等的法律效力。

三、甲方须按照货物买卖合同约定的标准对货物进行包装。

四、乙方须按照运单的要求，在约定的期限内，将货物运到甲方指定的地点，交给甲方指定的收货人。

五、甲方支付给乙方的运输费用为：3245 元，乙方将货物交给甲方指定的收货人及开具全额运输费用单据之日起 3 日内甲方支付全部运输费用。

六、乙方在将货物交给收货人时，同时应协助收货人亲笔签收货物以作为完成运输义务的证明。如乙方联系不上收货人时，应及时通知甲方，甲方有责任协助乙方及时通知收货人提货。

七、甲方交付乙方承运的货物，乙方对此应予以高度重视，避免暴晒、雨淋，确保包装及内容物均完好按期运达指定地。运输过程中如发生货物灭失、短少、损坏、变质、污染等问题，乙方应确认数量并按照甲方购进或卖出时价格全额赔偿。

八、因发生自然灾害等不可抗力造成货物无法按期运达目的地时，乙方应将情况及时通知甲方并取得相关证明，以便甲方与客户协调；非因自然灾害等不可抗力造成货物无法按时到达，乙方须在最短时间内运至甲方指定的收货地点并交给收货人，且赔偿逾期承运给甲方造成的全部经济损失。

九、本协议未尽事宜，由双方协商解决，协商不成，可向甲方住所地法院提起诉讼。

十、本协议一式两份，双方各持一份，双方签字盖章后生效。

甲方：　　　　　　　　　　　　　　　　　乙方：

　　年　月日　　　　　　　　　　　　　　　　　年　月日

合同签署地：天津市红旗街43号附近

步骤三：签订运输合同

运输合同拟订完毕后，托运人和承运人仔细查看合同条款，审核通过后在合同上签署名字和日期。

小贴士

案例：托运双方未签署协议出现货损谁负责

2017 年 11 月 25 日，陈某按以往的交易习惯（陈某口头向郭某定购后通过汇款方式支付定金和货款，再由郭某将货物托运到全南，运费由收货人支付）向郭某经营的鼎升门业定购铝合金移门（支付定金680元），双方约定300元/m²，总共30.9989m²。2018 年 1 月 14

日，陈某向郭某支付了部分货款5170元，当日郭某将陈某定购的铝合金移门交给由袁某经营的赣邦托运部，袁某填写了一份背面印有"托运人应如实报货名及货物实际价值，由托运人或委托承运人向保险公司投保，货物的毁损、灭失的赔偿额，托运人委托承运人投保的，按保险条例赔偿，未委托承运人投保的，双方约定按损失货物运费的3~5倍赔偿；易碎品、易腐品及易渗的液体等货物，不属保险范围，因其自身属性在托运途中损耗及破损，承运人概不负责"字样的托运协议，但是郭某、陈某未在此协议上签字。当晚赣邦托运部将铝合金移门运回全南，第二天，赣邦托运部将铝合金移门交给原告时，陈某发现其中15.2m² 铝合金移门已损坏，陈某收下未损坏铝合金移门并支付了未损坏铝合金移门的运费，已损坏的铝合金移门原告拒收，现存放在袁某经营的赣邦托运部处，之后双方就赔偿事宜进行过协商，但双方最终未达成一致意见。

案例分析：

承运人是否应就该托运的货物损失负赔偿责任？如何赔偿？对此存在以下3种不同意见：

第一种观点认为，双方之间的合同是公路货物运输合同。袁某虽然填写了一份托运协议，但该协议陈某未签字，对陈某没有约束力，袁某应依合同法对承运途中的货物损失负赔偿责任。

第二种观点认为，双方之间的合同是有效公路货物运输合同。袁某填写的托运协议中有明确的款项规定"未委托承运人投保的，双方约定按损失货物运费的3~5倍赔偿"，所以袁某只应按原告损失的那部分货物的运费的3~5倍进行赔偿。

第三种观点认为，货物损失应由发货方（郭某）负责。因为托运的货物是陈某向发货方郭某定购的，货保手续应由发货方办理，但本案例中发货方未办理此手续，所以托运中造成的货物损失应由其负担，承运人不承担货物损失赔偿责任。

思考题：

1.分析本案例中谁应该对货物的损失负责任？

2.该案例带给你哪些启示？

步骤四：办理运输保险

承运人与托运人签完合同，选择运输保险类别为综合险，选择投保公司为平安保险，然后根据以下流程办理投保手续，如图1-2-5所示。

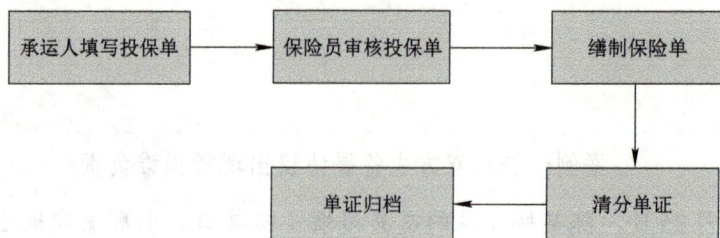

```
承运人填写投保单 → 保险员审核投保单 → 缮制保险单
                                          ↓
单证归档 ← 清分单证
```

图1-2-5 投保流程

任务评价

姓名			学号			专业	
活动名称			运输合同与保险				
考核内容		考核标准	参考分值(100)	学生自评	小组互评	教师评价	考核得分
素养评价	1	具有良好的沟通能力和团队合作精神	10				
	2	能利用网络快速准确搜集并总结有用信息	10				
知识评价	3	熟悉运输合同、运输保险的概念	10				
	4	掌握运输合同的当事人的权利和义务	10				
	5	掌握运输保险的保险责任	10				
技能评价	6	能够拟订运输合同	10				
	7	能够办理运输保险	20				
	8	能够准确、流畅地完成任务	20				
总得分			100				

任务拓展

请同学们分组合作，4~5人一组，进行情景训练：假如你是某货代公司的运输部经理，你们公司运输的一票茶叶在海运途中遭到雨淋，变质不能销售，而恰恰没有投保淡水雨淋险。客户要求你们公司赔偿全部茶叶的价值，老板让你出面跟客户交涉。请讨论企业在处理这项业务时会遇到的风险及风险的防范措施。

项目二　公路运输

任务一　整车货物运输组织

任务目标

知识目标
1. 掌握整车运输的概念
2. 掌握整车运输的主要形式
3. 掌握整车运输的组织原则

技能目标
1. 能够根据整车运输货物的重量和商品信息正确选择整车运输的组织形式
2. 能够独立完成整车运输的一般操作流程

素养目标
1. 具有良好的沟通能力和团队合作精神
2. 具有一定的安全意识和良好的专业行为规范
3. 能利用网络快速、准确搜集并总结有用信息

任务发布

2017年9月20日，好盟公司的主管李琦将客户天津美嘉食品有限公司发送过来的运输通知单（见表2-1-1）发到每个人手中，并进行相关介绍之后，要求刘龙等人合作完成这批整车货物运输业务的受理和组织工作。

表2-1-1　运输通知单

TO：天津好盟物流运输有限公司
我司有一批食品须从天津工厂发往上海，具体信息如下表所示：

序号	商品名称	数量	单位	重量/kg	体积/m³	到货日期
1	黄桃罐头	500	箱	6000	23.96	2017-10-20

收货单位	上海家家爱食品有限公司
收货地址	上海市虹口区幸福路52号　邮编200000
联系人	袁×
电话	021-3451××××、1381154××××、传真021-1230××××

急需发运！收到请回复！

FROM：天津美嘉食品有限公司　马×
022-8452××××　1378273××××
天津市和平区长安路22号
邮编300000
传真022-1555××××

刘龙等人会怎么完成主管交给的任务呢？

一、什么是公路运输

公路运输是构成陆上运输的两种基本运输方式之一。所谓公路运输，是指以公路为运输线，利用汽车等陆路运输工具，做跨地区或跨国的移动，以完成货物位移的运输方式。它是对外贸易运输和国内货物流程的主要方式之一，既是独立的运输体系，也是车站、港口和机场物资集散的重要手段。

1）按货运营运方式的不同，可分为整车运输、零担运输、集装箱运输、联合运输和包车运输。

2）按托运的货物是否办理保险，可分为不保险运输和保险运输。

运输的货物保险与否均采取托运人自愿的办法，凡办理保险的，需按规定缴纳保险金或保价费。保险运输须由托运人向保险公司投保或委托承运人代办。

3）按货物种类，可分为普通货物运输和特种货物运输。

普通货物运输是指对普通货物的运输，普通货物可分为一等、二等、三等几个等级。特种货物运输是指对特种货物的运输，特种货物包括超限货物、危险货物、贵重货物和鲜活货物。

二、公路货物运输包含哪些类型

公路货物运输的分类见表2-1-2。

表2-1-2　公路运输分类

分类	介绍
零担货物运输	托运人一次托运货物计费重量3t及以下
整批货物运输	托运人一次托运的货物在3t（含3t）以上，或虽不足3t，但其性质、体积、形状需要一辆承载3t及3t以上货物的汽车
大型、特型笨重货物运输	因货物的体积、重量的要求，需要大型或专用汽车运输的
集装箱汽车运输	采用集装箱为容器，使用汽车运输的
快件和特快件货物运输	在规定的距离和时间内将货物运达目的地的，为快件货物运输；应托运人要求，采取即托即运的，为特快件货物运输
危险货物运输	承运《危险货物品名表》列名的易燃、易爆、有毒、有腐蚀性、有放射性等危险货物和虽未列入《危险货物品名表》但具有危险货物性质的新产品

看一看

打开资源包，观看视频"适合公路运输货物性质"，并回答下列问题。

适合公路运输货物需要满足哪些特质？

三、公路运输的基本作业流程

公路运输基本作业流程如图2-1-1所示。

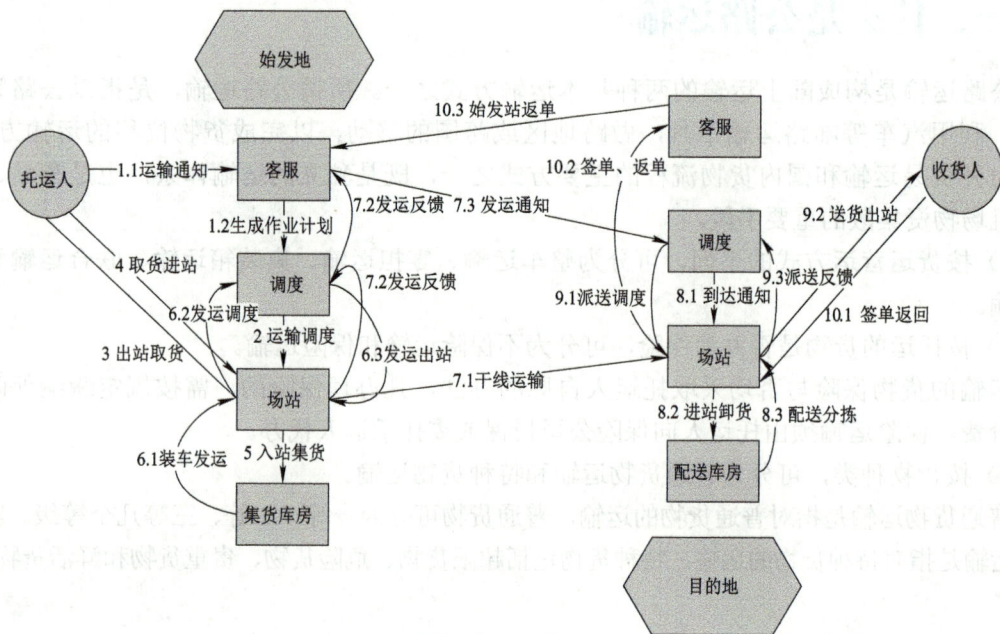

图2-1-1 公路运输基本作业流程

四、什么是整车运输

整车运输（见图2-1-2）是指托运人一次托运的货物在3 t（含3 t）以上，或虽不足3t，但其性质、体积、形状需要一辆载重量在3 t以上的公路运输车辆。

图2-1-2 整车运输

但以下的货物必须按整车运输：

1）鲜活货物，如冻肉、冻鱼、鲜鱼，活的牛、羊、猪、兔、蜜蜂等。

2）需用专车运输的货物，如石油、烧碱等危险货物，粮食、粉剂的散装货等。

3）不能与其他货物拼装运输的危险品。

4）易于污染其他货物的不洁货物，如炭黑、皮毛、垃圾等。

5）不易于计数的散装货物，如煤、焦炭、矿石、矿砂等。

看一看

打开资源包，阅读文档"2017年12月汽车整车公路运输指导参数发布"，并回答下列问题。

北京长久物流股份有限公司的公路平均周转次数环比提升原因是什么？

五、整车运输包含哪些组织形式

1. 多（或双）班运输

多（或双）班运输是指在昼夜时间内的车辆工作超时一个班以上的货运形式。组织双班运输的基本方法是每辆汽车配备两名左右的驾驶员，分日、夜两班轮流行驶。它也是提高车辆生产率的有效措施之一，但要注意安排好驾驶员的劳动休息和学习时间，同时也做好定车、定人和车辆保修安排。

在组织双班运输时，由于夜班比日班条件差，因此，除了工作时间长短不同外，在安排日夜班的运行作业计划时，一般应遵循以下原则：难运的安排在日班，好运的安排在夜班。为了开展多班运输，还应特别注意组织好货源，并与收发单位搞好协作关系，创造良好的装卸现场条件，修整现场道路，安排照明设备等，以保证顺利地开展多班运输。

2. 定点运输

定点运输是指按发货点固定车队、专门完成固定货运任务的运输组织形式。在组织定点运输时，除了根据任务固定车队外，还实行装卸工人、设备固定和调度员固定。

实行定点运输，可以加速车辆周转，提高运输和装卸工作效率，提高服务质量，并有利于行车安全和节能。定点运输组织形式，既适用于装卸地点比较固定集中的货运任务，也适用于装货地点集中而卸货地点分散的固定性货运任务。

3. 定时运输

定时运输是指运输车辆按运行作业计划中所拟订的行车时刻表来进行工作。汽车行车时刻表中规定汽车从车场开出的时间、每个运次到达和开出装卸地点的时间及装卸工作时间等。

车辆按预先拟订好的时刻表进行工作，也就加强了各环节工作的计划性，提高了工作效率。要组织定时运输，必须做到各项定额的制订和查定工作，包括：车辆出车前的准备工作时间定额，车辆在不同运输路线上重、空载行驶时间定额，以及不同货种的装、卸工作时间定额等。同时，还应合理确定驾驶员的休息和用餐等生活时间，加强货源调查和组织工作，加强车辆调度和日常工作管理以及装卸工作组织等。

4. 甩挂运输

甩挂运输是指利用汽车列车甩挂挂车的方法，以减少车辆装卸停歇时间的一种拖挂运输形式。在相同的运输组织条件下，汽车运输生产效率的提高取决于汽车的载重量、平均技术速度和装卸停歇时间3个主要因素。实行汽车运输列车化，可以相应提高车辆每运次的载重量，从而显著提高运输生产效率。

采用甩挂运输时，需要在装卸货现场配备足够数量的周转挂车，在汽车列车运行期间，装卸工人预先装（卸）好甩下的挂车，列车到达装（卸）货地点后先甩下挂车，装卸人员集中力量装（卸）主车货物，主车装（卸）货完毕即挂上预先装（卸）完货物的挂车继续运行。

采用这种组织方法，就使得整个汽车列车的装卸停歇时间减少为主车装卸停歇时间加甩挂时间。但需要注意，周转挂车的装卸工作时间应小于汽车列车的运行时间间隔。甩挂运输适合在装卸能力不足、运距较短、装卸时间占汽车列车运行时间比重较大的运输条件下采用，并根据运输条件的不同而组织不同形式的甩挂运输。

小贴士

甩挂运输

2017年以前，某物流运输企业一直在走传统的货运路子，即从出发点到目的地，一车到底。但是，随着沿海企业生产下滑、业务萎缩，运输货源减少，该公司湖州到广州货运专线的车辆空驶率上升，工作车日明显减少，企业经营成本上涨。"如何才能让货车不跑空呢？"公司经过调查发现，甩挂运输可以在整车到达目的地后，将挂车留在当地，由牵引车拉着其他挂车继续运输，这也是国家提倡的大吨位、集约型、环保型运输模式。

2017年，该公司投入近百万元更新设备，购买厢式货车，同时对运输方式进行了革新，采用大型物流公司常用的甩挂运输方式。

具体做法是：在广州和湖州两地的货物集散点上，满载货物的高性能牵引车甩下挂车，挂上另一辆已经满载货物的挂车，马不停蹄地返回另一集散点。在集散点处，装卸工如同装卸火车车皮般随时装卸"甩挂"，另有10余辆小型厢式货车专司"转驳"，负责支线运输以及送货上门。

以往，货物从承接到运达需要3天，如今货运时间大大缩短，仅需19个小时。该公司管理人员对这一项目进行跟踪和测算，结果是：按1辆牵引车配置3辆挂车来计算，采用甩挂运输可比传统运输降低成本40%左右，减少油耗30%以上。

一车（牵引车头）多个挂车的汽车快速甩挂运输，大大减少了空驶等无效运输，并且大幅降低油料消耗。运输方式革新后公司又开发了多条甩挂运输专线，花费500多万元购置了5辆牵引车，这主要是由于企业尝到了甩挂运输的甜头，它不仅节能，还减少了企业的人力和物力成本。

案例分析：

甩挂运输是一种特殊的运输方式，甩挂运输能提高运输效率，减少运输成本。本案例中的运输企业正是通过采用甩挂运输实现了运输成本的降低。

思考题：

1.什么是甩挂运输？

2.甩挂运输的应用给运输企业带来哪些益处？

5. 直达联合运输

直达联合运输（即各种运输方式的直达联合运输）是指以车站、港口或供需物资单位为中心，按照货物运输的全过程把供销部门、多种运输工具组织成一条龙，将货物从生产地一直运输到消费地。其主要优点是：

1）有利于各种运输方式的综合利用和发展，促进综合运输网的形成。

2）压缩车船等运输工具的停留时间，提高港站的通过能力，节省运力和降低运输成本。

3）可以减少货物运输的中间环节，加速物资周转，节约运输费用。

六、整车运输的组织原则

1. 连续性

连续性是指在运输过程的各个生产环节、各项作业之间，在时间上能够紧密衔接和连续进行，不发生各种不合理的中断现象，使货物在接受运输服务过程中的各项作业能够很好地衔接起来，不发生或少发生不必要的停留和等待现象。

2. 协调性

协调性是指运输过程中的各个环节、各项作业之间，在时间上尽可能保持平行关系，在生产能力上保持合理比例。这两方面关系的实现就可以在确保运输服务质量的前提下，使所配备的生产人员、车辆、运输设备在数量上协调配合，不发生失调、脱节现象。

3. 均衡性

均衡性是指企业及其内部各个生产环节在同一时期内，完成大致相等的工作量，或稳步递增的工作量，避免出现时松时紧、前松后紧等情况。

七、你不知道的整车运输业务流程

整车运输一般操作流程如图2-1-3所示。

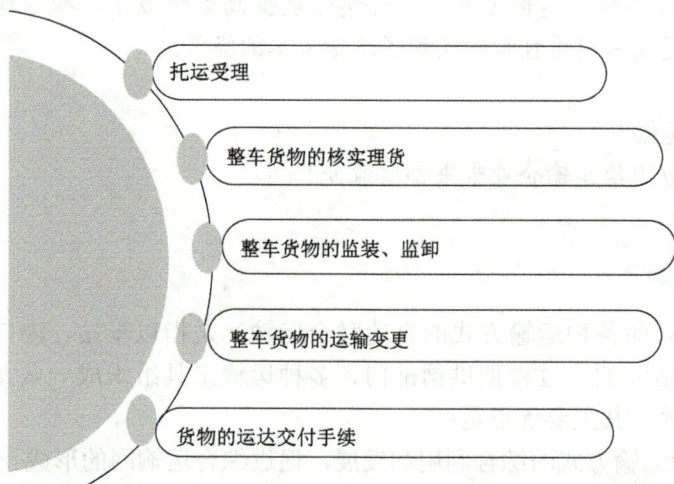

托运受理

整车货物的核实理货

整车货物的监装、监卸

整车货物的运输变更

货物的运达交付手续

图2-1-3　整车运输一般操作流程

整车货物运输可分为发送、途中和到达3个阶段的站务工作，内容包括:货物的托运与承运，货物装卸、起票、发车，货物运送与到达交付、运杂费结算，商务事故处理等。

1. 整车货物运输的发送站务工作

货物在始发站的各项货运作业统称为发送站务工作。发送站务工作主要由受理托运、组织装车和核算制票3部分组成。

2. 整车货物运输的途中站务工作

货物在运送途中发生的各项货运作业，统称为途中站务工作。途中站务工作主要包括途中货物交接、途中货物整理或换装等内容。

3. 整车货物运输的到达站站务工作

货物在到达站发生的各项货运作业统称为到达站站务工作。到达站站务工作主要包括货运票据的交接，货物卸车、保管和交付等内容。车辆装运货物抵达卸车地点后，收货人或车站货运员应组织卸车。卸车时，对卸下货物的品名、件数、包装和货物状态等应做必要的检查。整车货物一般直接卸在收货人仓库或货场内，并由收货人自理。收货人确认卸下货物无误并在货票上签收后，货物交付即完毕。办完交付手续后，该批货物的全部运输过程才宣告完毕。

任务操作

步骤一：角色分配

每7人为一组，角色的划分可参见表2-1-3中内容，根据实际情况进行调整。

表2-1-3　角色划分

参考角色	参考人数
客服人员	2
托运人	2
调度员	1
驾驶员	1
收货人	1

步骤二：整车运输托运的受理

1. 接收指令

核实收、发货人相关信息，从运输管理系统中查询出该客户的详细信息及联系方式，并联系进行确认。

2. 客户管理

工作人员根据与客户核实的相关信息，对运输管理系统中的客户管理模块进行系统维护，以建立客户档案，如图2-1-4所示。

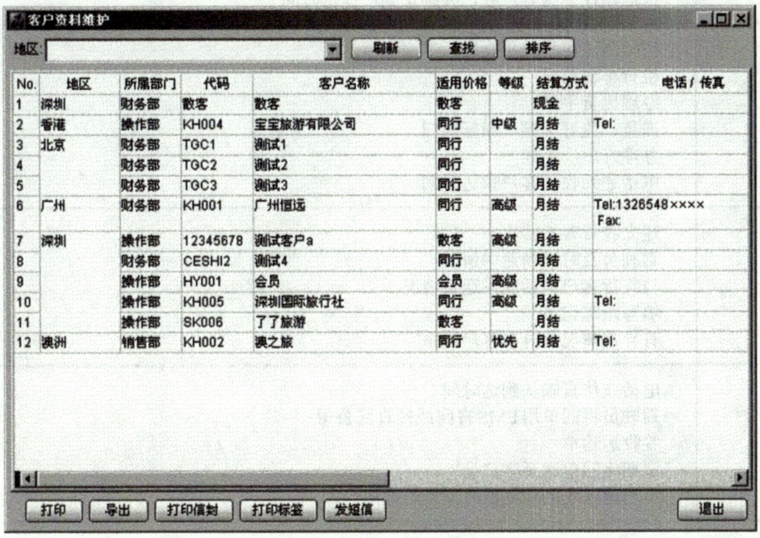

图2-1-4　客户档案

3. 订单录入

进入订单管理系统，进行运输订单的录入，并保存订单。

4. 传递指令

客服人员通过运输管理系统将运输订单传递给调度人员，并生成作业计划，完成业务受理操作。

步骤三：完成整车运输的具体组织

看一看

在进行整车运输的具体操作前，我们先来看看企业具体是如何进行整车运输调度的？打开资源包，观看"运输调度——整车"，总结整车运输调度的作业内容。

整车运输具体组织步骤见表2-1-4。

表2-1-4　整车运输具体组织步骤

作业流程	具体步骤
登记	运输调度在登记表上按送货目的地及收货客户标定提货号码 驾驶员到运输调度中心取提货单，并在运输登记本上确认签收
调用安排	填写运输计划 填写运输在途、送到情况、追踪反馈单 计算机输单
车队交接	根据送货方向，货物重量、体积统筹安排车辆 报运输计划给客户处，并确认到厂提货时间
提货发运	按时到达客户提货仓库 检查车辆情况 办理提货手续 提货、盖好车棚、锁好厢门 办理好出厂手续 电话通知收货客户预达时间
在途追踪	建立收货客户档案 驾驶员及时反馈途中情况 与收货客户电话联系送货情况 填写跟踪记录 有异常情况及时与客户联系
到达签收	电话或传真确认到达时间 驾驶员将回单用EMS寄回或传真回公司 签收运输单 定期将回单送至客户处 将当地市场的住处及时反馈给客户

（续）

作业流程	具体步骤
回单	按时准确到达指定卸货地点 货物交接 百分之百签收，保证运输产品的数量和质量与客户出库单相关内容一致 了解客户产品在当地市场的销售情况
运输结算	整理好收费票据 做好收费汇总表交至客户处，确认后交回结算中心 结算中心开具发票，向客户收取运费

任务评价

姓名		学号		专业		
活动名称		整车货物运输组织				
考核内容		考核标准	参考分值（100）	学生自评	小组互评	教师评价	考核得分

考核内容		考核标准	参考分值（100）	学生自评	小组互评	教师评价	考核得分
素养评价	1	具有良好的沟通能力和团队合作精神	10				
	2	能利用网络快速、准确搜集并总结有用信息	10				
知识评价	3	掌握整车运输的概念	10				
	4	掌握整车运输的主要形式	10				
	5	掌握整车运输的组织原则	10				
技能评价	6	能够根据整车运输货物的重量和商品信息正确选择整车运输的组织形式	20				
	7	能够独立完成整车运输的一般操作流程	20				
	8	能够准确、流畅地完成任务	10				
总得分			100				

任务拓展

　　在教师的组织下，以小组为单位，结合本地的社会经济发展情况、交通运输情况、物流发展情况，讨论一下本地发展整车货物运输的有利条件和不利条件。在组织讨论前，学生先要进行一些调查研究，收集一些相关资料，最终每小组以PPT的形式进行汇报。

任务二　零担货物运输组织

任务目标

知识目标

1.掌握零担运输的概念

2.掌握整车运输的特点

技能目标

1.能够讲出零担货物运输的3种组织形式

2.能够画出零担货物运输的作业流程

素养目标

1.具有良好的沟通能力和团队合作精神

2.具有一定的安全意识和良好的专业行为规范

3.能利用网络快速准确搜集并总结有用信息

任务发布

2017年9月22日，好盟公司分别接到天津健康乳业有限公司和天津口口香食品有限公司发来的运输任务请求，请完成下列这两笔运输任务的业务受理工作。

1.客户天津健康乳业有限公司要求将一批袋装纯牛奶从天津生产厂运到上海，一周内运完。产品外包装箱尺寸是32 cm×21 cm×12 cm，包装规格为220 g×20袋。此批物品总共40箱。总体积约为0.32 m³，总重量为176kg。具体信息见表2-2-1。

表2-2-1　运输通知单

TO：天津好盟物流运输有限公司
我司有一批食品须从天津生产厂发往上海，具体信息如下表所示：

序号	商品名称	数量	单位	重量/kg	体积/m³	到货日期
1	袋装纯牛奶	40	箱	176	0.32	2017-9-29

收货单位	上海怡尚连锁超市
收货地址	上海市中山西路28号 邮编200030
联系人	李×
电话	021-3451××××,1381154××××,传真021-1230×××

急需发运！收到请回复！

FROM：天津健康乳业有限公司　白××
022-8452××××　　1378273××××
天津市南开区中山街712
邮编300000
传真022-1555×××

2.天津口口香食品有限公司客户要求将一批桶装方便面从天津运到上海。此批物品的外包装体积为40 cm×32 cm×15 cm，包装规格为115g×12盒。此批物品总共50箱总体积为0.96 m³，总重量为69 kg。具体信息见表2-2-2。

表2-2-2　运输通知单

TO：天津好盟物流运输有限公司
我司有一批食品须从天津工厂发往上海，具体信息如下表所示：

序号	商品名称	数量	单位	重量/kg	体积/m³	到货日期
1	方便面	50	箱	69	0.96	2017-10-20

收货单位	上海四味食品有限公司
收货地址	上海市长宁区北翟路102号　邮编200000
联系人	郑×
电话	021-3451××××，1381154××××，传真021-1230××××

急需发运！收到请回复！

FROM：天津口口香食品有限公司　黄×
022-8452××××　　1378273××××
天津市红桥区胜利路96号
邮编300000
传真022-1555××××

李琦要求刘龙他们以小组为单位，模拟完成此次零担运输。

任务资讯

一、什么是公路零担运输

托运人一次托运的质量不足3 t的运输称为零担运输，如图2-2-1所示，其流程如图2-2-2所示。

图2-2-1　零担运输

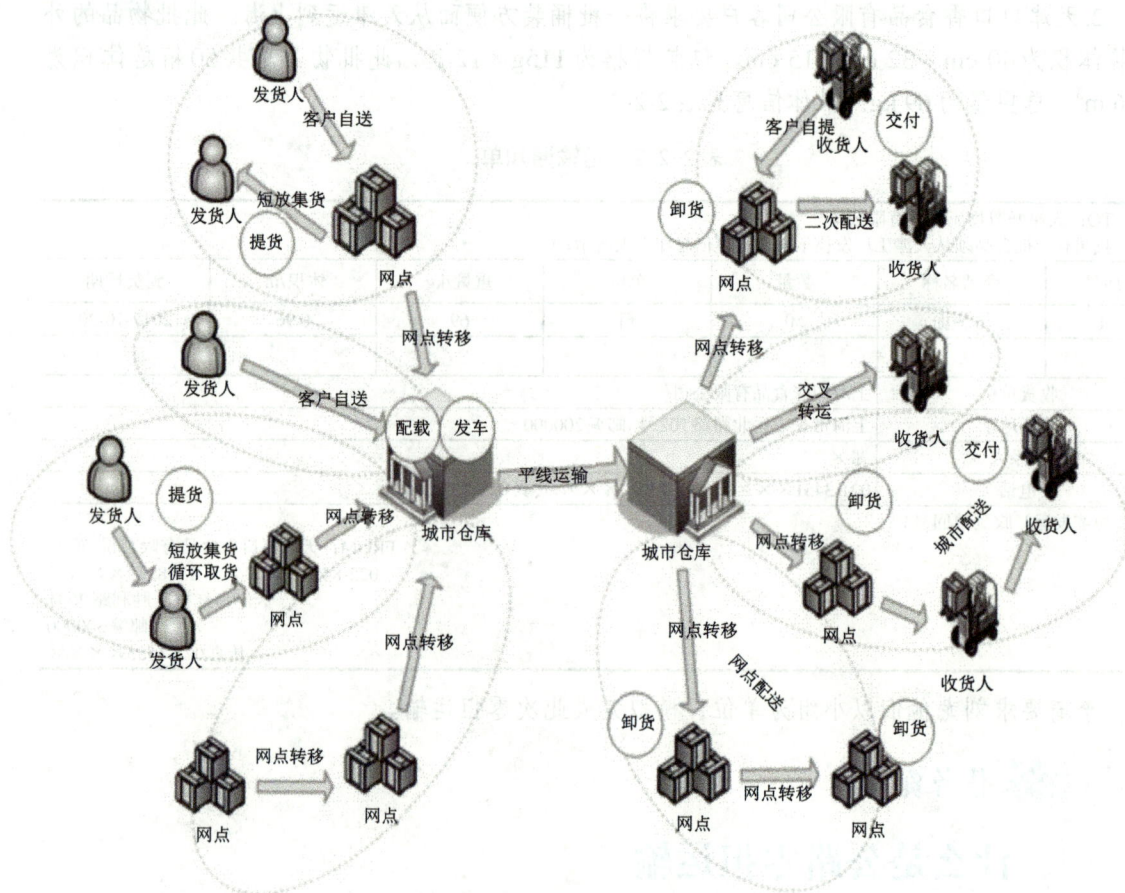

图2-2-2 零担运输流程图

二、零担货物运输有哪些特点

1. 货源不确定性和来源的广泛性

零担货物运输的货源流量、货物数量、货物流向具有不确定性，难以通过运输合同方式将其纳入计划管理范围。

2. 组织工作的复杂性

针对繁杂的货物和各式各样的运输要求必须采取相应的组织形式，才能满足人们的货运需求。这使得零担货物运输环节多，作业程序细致，设备条件繁杂，对货物配载和装载的要求较高。

3. 单位运输成本较高

为了适应零担货物运输的要求，货运站要配备一定数量的仓库、货棚、站台，以及相应的装卸、搬运、堆置的机具和专用的厢式车辆。

4. 能满足千家万户的要求

零担货物运输具有品种繁多、批量小、批次多、价格较高、时间紧迫、到站分散的特点，因此它能满足千家万户的要求。

5. 运输安全、迅速、方便

零担货物运输由于其细致的工作环节和业务范围，而且承担一定行李、包裹运输，因此零担班车一般都有固定的车厢，所装货物不会受到日晒雨淋。

6. 零担货物运输机动灵活

零担货物运输都是定线、定期、定点运行，业务人员和托运单位对运输情况都比较清楚，便于沿途各个站点组织货源，往返实载率高，经济效益显著。

> **看一看**
>
> 打开资源包，阅读文档"零担快运市场现状及未来机遇分析"，并回答下列问题。
> 1. 简要描述零担物流市场的发展机会。
> 2. 简要描述零担物流市场的发展现状。

三、零担货物运输包含哪些组织形式

1. 固定式零担货物运输

固定式零担货物运输是指车辆运行采取定线路、定班期、定车辆、定时间形式的一种零担运输，也叫"四定运输"。

1）直达式零担运输，如图 2-2-3 所示。

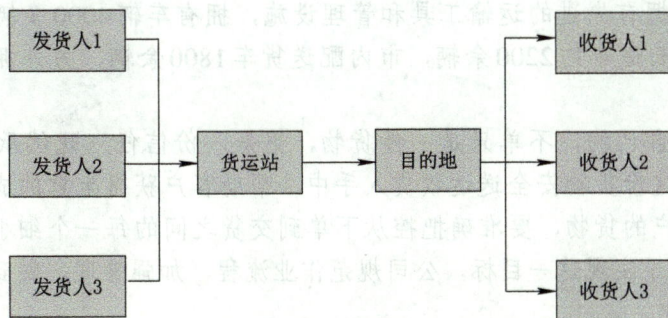

图 2-2-3　直达式零担运输组织形式

2）中转式零担运输，如图2-2-4所示。

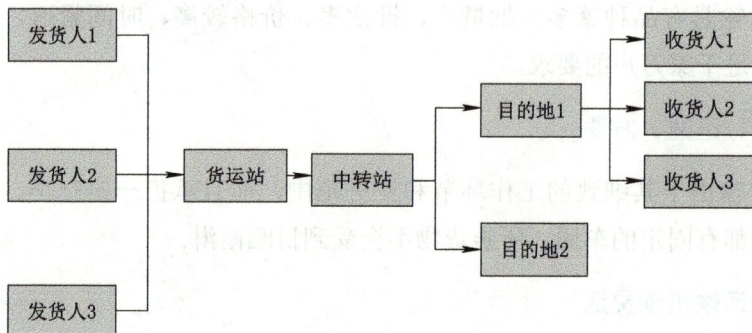

图2-2-4　中转式零担运输组织形式

3）沿途式零担运输。沿途式零担运输是指在起运站将各个发货托运的同一路线不同到站，且货物性质允许配装的各种零担货物，同车装运后，在沿途各个计划停靠站卸下或装上货物零担运输车辆再继续前进，直到最后终点站的货运形式。

2. 非固定式零担货物运输

非固定式零担货物运输的完成是通过非固定式零担车辆的组织实现的。

小贴士

宏基快运的零担货物运输

上海宏基快运有限公司是一家主要从事公路零担货物运输的民营企业。公司最早创立于1990年，注册资金一亿元人民币，总部设在沈阳市大东区沈新路105号。

公司自成立以来，运输业务每年都在以15%~30%的速度增长。现拥有员工9000余人，其中高学历、高职称、物流专业人员近半。公司拥有全国最大的零担网络，运输网点1500多个。公司的运输网络，以高速公路和国家高等级公路为依托，以站到站的运输方式根据客户需求，建成了以沈阳、天津、广州、武汉、杭州、西安、成都、郑州等为中枢，遍布全国的信息化货运网络，以现代化的、科学的运营管理方式为客户提供全方位一条龙服务。公司拥有先进的运输工具和管理设施，拥有车辆4000多辆，其中90%以上是标准厢式货车，长途车约2200余辆，市内配送货车1800余辆，另外拥有可调配的其他车辆1500余辆。

客户所托付给自己的，不单只是一件货物，更是一份信任。既然承接了客户交付的货物，就一定要把这份货物安全送达收货人手中，帮助客户获得生意的成功。为了更好帮助客户成功，对客户的货物，要准确把控从下单到交货之间的每一个细小环节，确保货物100%安全到达。为了实现这一目标，公司规范作业流程，加强管理，做到了作业流程标准化及客户服务人性化。

作业流程标准化即从下单、装卸、运输到提货各个环节，都做到了规范化管理。比如，卸货时，一定要使用自动卸货架；员工搬货时要戴上防滑手套；货物要细致归类，严禁重

卸货时，一定要使用自动卸货架；员工搬货时要戴上防滑手套；货物要细致归类，严禁重压、倒立放置；使用全封闭厢式货车运输。

客户服务人性化：根据客户货物材质的不同，为客户设计最佳的包装方案；GPS定位全程跟踪，方便客户即时查询货物的位置和状态，货到短信告知；为客户代收货款，帮助客户及时并安全地回笼资金；提供保价运输，为客户消除货物出险的后顾之忧。为保证货物安全，公司推出密码支付服务，使货物托运更加安全可靠。

未来的宏基，将以零担货物运输为龙头，以速度品质为中心，以信息化为助力，不断提高运输效率，为客户提供集物流、信息流和资金流三者合一高效、安全、精准的现代物流服务。

案例分析：

上海宏基快运有限公司作为零担运输公司，为了能够在市场中占有一席之地，无论是人员的组成还是作业流程的设计都具有高标准，尤其人性化的客户服务更能增强其竞争优势。

思考题：

1.零担运输开办的条件有哪些？

2.零担货物中转组织方法有几种？

3.分析宏基运输业务做得好的原因有哪些。

四、如何进行零担货物运输的货源组织

零担货物是零担货物运输的对象，足够的货源是零担货物运输生存和发展的基础。充分掌握零担货源信息是货源组织的有效办法，因此要注意进行市场调查。其调查的内容、方式、方法与一般的货物运输基本相同，主要是进行货物流量和流向及其起讫点的调查。在调查基础上，结合以下方法才能使工作更有成效。

1. 实行合同运输，与货主建立相对稳定的合作关系

实行合同运输，可实现货主与汽车运输单位之间的相对稳定合作，当货主需要运输货物时，告知运输单位，由运输单位按货主要求将货物运往目的地。它具有以下特点：

1）使零担货运企业拥有一定数量的稳定货源。

2）有利于合理安排运输。

3）有利于加强企业责任心，提高运输服务质量。

4）有利于简化运输手续，减少费用支出。

5）有利于改进客户的产、供、销关系，优化其资源配置。

2. 设立零担货运代办站点，承接社会货源

零担货运企业可自行设置独立的货运站点，也可与其他社会部门或企业联合设立零担货运代办站点，这样既可加大零担货运点的密度，又可有效利用社会资源，降低企业成本，弥补企业在发展中资金、人力的不足。企业在设立零担货运站点时，一定要经过广泛的社

会调查，充分了解货源情况。

3. 委托社会相关企业代理货运业务

零担货运企业可以委托货运交易市场、货物联运公司、停车场、邮局等单位零担货运受理业务，利用这些单位的既有设施及社会关系网络取得相对稳定的货源。

4. 聘用货运信息联络员，建立货源情报网络

聘用货运信息员上门与货主洽谈，承揽业务，或在媒体上刊登广告，向社会提供运输方式、运价、在途时间、联系方式等服务信息。在有较稳定零担货源的单位设专职货运联络员，随时掌握货源情况，了解客户要求，提供增值服务，加深客户对其服务质量的信赖程度。

5. 建立电话受理业务

设立固定、统一的电话号码，有利于某区域客户的联系与沟通，及时办理托运受理业务。

6. 开通网上接单业务

设立专门的零担货运网站，公布零担货物运输线路、运输价格、运输时间、服务承诺和网上业务登记办法等，方便承运人选择。

7. 构建零担货物运输网络，扩大零担货物运输业务

（1）零担货物运输网络的含义及主要意义

零担货物运输网络是指将不同营运路线上各地的零担货运站点，以沟通货流信息、协作配合开展中转业务为目的而连接构成的路线网络。构建零担货物运输网络，有利于零担货物中转运输的衔接，从而减少线路交叉造成的不合理运输，降低运输成本。

（2）零担货物运输网络的基本特点

1）3个构成要素。零担站点、零担货运班车和零担货运班线是组成零担货运网的3个要素，缺一不可。

2）信息沟通是零担货运网取得成效的前提和关键。

（3）零担货物运输网络建设的原则

根据服务区域内经济发展状况、产业构成、公路网状况、运输方式构成等特点，确定零担货运站点个数、分布状况、货运班次数及班期密度等。

（4）零担货物运输网络的主要工作

零担货物运输网络的主要工作是进行零担运输量预测、各站点平均受理量的确定、站点个数的计算及空间分布、货运班线条数的确定、班车发车密度的计算等。根据我国的实际情况，可依托行政区域，建立相应的各层次零担货运网，进而形成全国范围内的零担货运网络：①县内网络；②城市（地区）网络；③省（自治区）网络；④片区网络；⑤全国网络。建立以方便客户、服务客户为目的的全方位的运输网络，是现今零担货物运输的主要目标之一。

五、你不知道的那些公路零担货物运输的具体操作步骤

将公路零担货物运输工作按先后排序绘成图，得到了公路零担货物运输作业流程图，其内容主要是货物托运、托运受理、过磅起票、仓库保管、配载装车、车辆运行、货物中转和提货交付，具体如图2-2-5所示：

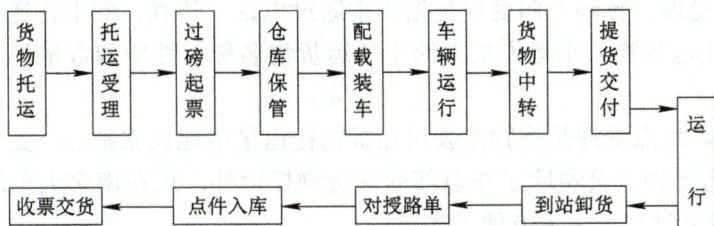

```
货物托运 → 托运受理 → 过磅起票 → 仓库保管 → 配载装车 → 车辆运行 → 货物中转 → 提货交付
                                                                              ↓
收票交货 ← 点件入库 ← 对授路单 ← 到站卸货 ← 运行
```

图2-2-5 零担货物运输作业流程图

1. 货物托运

货物托运是指货主（单位）委托运输企业为其运送货物，并为此办理相关手续。此处所说的"相关手续"，主要是签订合同，明确托、承双方职责。汽车货物运输合同可采用书面形式、口头形式和其他形式，一般采用书面形式。书面形式合同分为定期运输合同、一次性运输合同和道路货物运单(以下简称运单)。零担货物托运因其批次多、批量不统一，故多采用道路货物运单形式。

2. 托运受理

托运受理是指零担货物承运人根据经营范围内的线路、站点、运距、中转站、各车站的装卸能力、货物的性质及受运限制等业务规则和有关规定，接受零担货物的托运，办理托运手续的活动过程。

（1）受理零担货物托运的前提条件

1）符合零担货物条件：汽车零担货物运输是指汽车运输企业承办的一次托运的货物不足规定整车重量限额货物的运输。各国对上述重量限额，根据不同时期的具体情况有不同的规定。我国汽车运输管理部门制定的《汽车货物运输规则》规定：托运人一次托运的货物，其重量不足3 t（吨）者为零担货物。按件托运的零担货物，单件重量不得超过200 kg；单件体积一般不得小于0.01 m^3（单件重量超过10 kg的除外），不得大于1.5 m^3；货物长度、宽度、高度分别不得超过3.5 m、1.5 m和1.3 m。不符合这些要求的，不能按零担货物托运、承运。做出这些规定，主要是限于零担车厢的结构和装卸条件，也为了便于拼装多个托运人交运的货物，使零担货车有限的容积得到充分的利用。各类危险货物，易破损、易污染和鲜活等货物，一般不能作为零担货物办理托运。这也是出于拼装要求而做的规定。托运这类货物需按特种货物办理，使用特种车承运。

2）公布办理零担的线路、站点、班期、里程及运价。

3）张贴托运须知、包装要求和限运规定。

（2）受理托运的主要形式

1）随时受理。随时受理是指对托运日期无具体规定，在营业时间内，托运人均可将货物送到托运站办理托运的办法。这一制度极大地方便了货主，但是缺乏计划性，不能事先组织货源，因而货物在库时间长，设备利用率低。在实际工作中，随时受理是当前常用的受理形式。

2）预约上门受理。预约上门受理是指货主通过电话、传真、网上传送等途径与承运方联系，事先预定托运货物，承运方根据约定托运货物名称、性质和数量等，派车到货主方装货实施运送。

3）站点受理。站点受理是指物流公司在货物托运集中地设立站点，受理货主托运货物的做法。如广西运德物流公司除了在总部受理货物托运外，还在南宁火车站旁、友爱路和埌东客运站等地设立站点，大大方便了客户。

（3）受理托运的操作要点

1）审核托运单。受理托运时，承运方必须认真审核托运单，确保运单记载的内容与托运货物的名称、性质、件数、质量、体积和包装等相符，符合《汽车货物运输规则》的规定。

2）检查货物包装。货物包装是货物在运输、装卸搬运、仓储和中转过程中保护货物质量必须具备的物质条件，直接关系到运输质量和货物自身的安全。因此，必须注意检查货物包装，确保包装符合货物的特性和相关要求，达到零担货物运输关于包装的规定。如发觉应包装的货物没有包装或应有内包装而只有外包装的，应请货主重新包装。对包装不良或无包装但不影响装卸及行车安全的，经车站同意可以受理，但应请货主在托运单中注明包装不良状况及损坏免责事项。对使用旧包装的应请货主清除旧标志和旧标签。检查货物包装步骤如下。

① 看：包装是否符合相关规定，有无破损、异迹。笨重货物外包装上面是否用醒目标记标明重心点和机械装卸作业的起吊位置。

② 听：有无异声。

③ 闻：有无不正常的气味。

④ 摇：包装内的衬垫是否充实，包装内的货物是否晃动。

3）估重量方。过去是称为过磅量方，但是现在人们的生活节奏加快，多数物流公司的做法是改过磅为估重（估重收费需要有一定的经验积累）。 有些货物如红木沙发，则需要量方。丈量沙发外包装的长、宽、高的尺寸，计算其体积。估重量方后要注意做好记录。

4）拴（贴）标签、标志。估重量方后的货物，在每件货物两端，或正侧面明显处分别拴贴统一规定注有运输号码的零担货物标签。需要特殊装卸、堆码、储存的货物，应在货物明显处加贴储运指示标志，并在运单"特约事项栏"内注明。零担标签、标志是货物本身与运输票据的联系物，是标明货物性质的，也是理货、装卸、中转和交付货物的重要识别凭证，所以标签的各栏必须详细填写，并按要求拴贴。

5）收取运杂费。

3. 过磅起票及仓库保管

零担货物入库保管是物流公司对货物履行责任运输和保管的开始。把好验收关能有效地杜绝差错。进出仓要照单入库或出库，做到以票对票、货票相符、票票不漏。零担货物仓库应严格划分货位，一般可划分为待运货位、急运货位、待交货位。零担货物仓库要具有良好的通风、防潮、防火、防盗条件和灯光照明设备，以保证货物的完好和适应各项作业要求。

4. 配载装车

配载是指对某一时段待运送的货物，依据其性质、数量（体积）、流向、直达或中转等，按照一定的原则如安全、不污染、不影响运输质量等，选择安排适当吨位或容积的车辆装载的业务活动。

（1）零担货物的配载原则

在选择合适的车辆后，应该遵循以下原则：

1）充分利用车辆载重量和容积，不甩货。

2）严格执行混装限制规定，性质或灭火方法相抵触的货物严禁混装于同一车。

3）符合货物堆放规则。大的、重的、包装结实的货物放在下面，小的、轻的货物放在上面。做到重不压轻、大不压小、木箱不压纸箱。

4）符合货物运输先后原则。做到中转先运、急件先运、先托先运、合同先运。

5）先装远，后装近。

6）货物装车后，车辆受力均匀，不偏重。

7）货物堆垛稳固。

8）尽量采用直达方式，减少中转；必须中转的货物，则应合理安排流向。

9）加强对中途各站待运量的掌控，尽量使同站装卸的货物在重量和体积上相适应。

（2）装车准备工作

1）根据车辆容积、载重量及货物的性质、形状、长度和大小进行合理配载，填制货物交接清单。填单时应按货物先远后近、先重后轻、先大后小、先方后圆的顺序进行，以便于按单顺次装车，对不同到达站和中转的货物要分单填制（即交接清单一站一单，以利点收点交和运杂费结算）。

2）整理各种随货同行单证，包括提货联、随货联、托运单、零担货票及其他附送单据，按中转和直达分开，分别附于交接清单后面。

3）按单核对货物堆放位置，做好装车标记。

（3）装车

1）按交接清单的顺序和要求点件装车。

2）将贵重物品放在防压、防撞的位置，保证运输安全。

3）装车完毕，要检查货位，避免漏装和错装。

4）驾驶员（或随车理货员）清点随车单证并签章确认。

5）检查车辆施封和遮盖捆扎情况。

5. 货物起运及车辆运行

按期发车，按线行驶。零担货运班车必须严格按期发车，按规定线路行驶，在中转站要由值班人员在路单上签证。有车辆跟踪系统的要按规定执行，使基站能随时掌控车辆在途情况。

6. 中转作业

对于需要中转的货物需以中转零担班车或沿途零担班车的形式运到规定的中转站进行中转。中转作业主要是将来自各个方向的仍需继续运输的零担货物卸车后重新集结待运，继续运至终点站。

零担货物的中转作业一般有3种方法：

（1）全部落地中转（落地法）

将整车零担货物全部卸下交中转站入库，由中转站按货物的流向或到达站重新集结，另行安排零担货车分别装运，继续运到目的地。这种方法，车辆载重量和容积利用较好，但装卸作业量大，仓库和场地的占用面积大，中转时间长。

（2）部分落地中转（坐车法）

由始发站开出的零担货车，装运有部分要在途中某地卸下而转至另一路线的货物（先到站货物），其余货物（后到站货物）则由原来的零担货车继续运送到目的地。先到站货物卸下后，可加装到同一站的其他货物。其好处是加快了中转作业速度，提高了汽车货位的利用率，但对留在车上的货物的装载情况和数量不易检查清点。

（3）直接换装中转（过车法）

当几辆零担车同时到站进行中转作业时，将车内部分中转零担货物直接由一辆车向另一辆车换装，而不用到仓库货位上卸货。组织过车时，既可以向空车上过，也可向装有后到站货物的重车上过。这种方法在完成卸车作业时即完成了装车作业，提高了作业效率，加快了中转速度，但对到发车辆的时间等条件要求较高，容易受意外因素干扰而影响运输计划。零担货物的中转除了承担货物的保管工作外，还需要进行一些与中转环节有关的理货、堆码和倒载等作业，因此，零担货物中转站必须配备相应的仓库和货棚，并具备良好的通风、防潮、防火、采光和照明等条件，确保货物安全完好和适应各项作业的需要，以便及时准确地送达目的地。

7. 到站卸货及异常情况处理

货运班车到站后，车站货运人员如仓库人员应向随车理货员或驾驶员索阅货物交接单以及随车的有关单证，检查核对货物装载情况，如一切正常，在交接单上签字并加盖业务章。如有异常情况发生，则应采取相应措施处理。常见的异常情况及相应处理方法如下：

1）有单无货，双方签注情况后，在交接单上注明，将原单返回。

2）有货无单，确认货物到站后，由仓库人员签发收货清单，双方盖章，清单寄回起运站。

3）货物到站错误，应将货物原车运回起运站。

4）货物短缺、破损、受潮、污染、腐烂时，应双方共同签字确认，填写事故清单。

8.货物交付

1）货物到达（入库）后，应及时通知收货人凭提货单提货，或者按指定地点送货上门。收货人收到货物应在提货单上加盖印章，到达站交付货物后也应在提货单上加盖"货物付讫"戳记，以备存查。

2）货物短损的，如包装破损，由交接双方清点（如需要可复磅），并做好记录，由责任方赔偿。

3）遇到标签脱落的货物必须慎重查明，方可交付。

4）提货单遗失的，收货人应及时向到达站挂失。经确认后，可凭有效证件提货。若在挂失前货物已经被他人持单领走，到达站应配合查找，但是不负责赔偿。

5）"到货通知"发出一个月内无人领取货物或收货人拒收，到达站应向起运站发出"货物无法交付通知书"。超过一个月仍无人领取的，按照《关于港口、车站无法交付货物的处理办法》有关规定处理。

任务操作

步骤一：角色分配

每3~4人为1组，角色分配可参见表2-2-3中内容，并可根据实际情况进行调整。

表2-2-3 角色分配

参考角色	参考人数
客服人员	1
调度人员	1
托运人	1
收货人	1

步骤二：零担运输托运组织形式的选择

从"任务描述"可知两个客户都要求将货物从天津运往上海，而且货物的性质适宜配载，属于直达式零担运输，补充图2-2-6空白的地方。

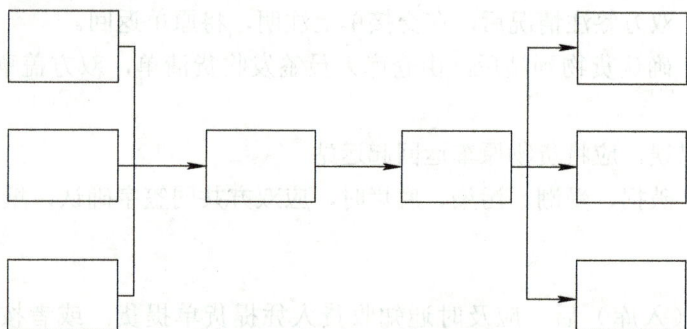

图2-2-6　直达式零担运输组织

步骤三：零担运输托运组织

1. 货物托运

天津健康乳业有限公司和天津口口香食品有限公司委托好盟公司为其运送货物，并为此签订合同，明确托、承运双方职责。零担货物托运因其批次多、批量不统一，故多采用道路货物运单形式。

2. 托运受理

好盟公司根据经营范围内的线路、站点、运距、中转站、各车站的装卸能力、货物的性质及受运限制等业务规则和有关规定，接受零担货物的托运，办理托运手续。

3. 入库保管

好盟公司对受理的货物进行入库保管，这也是履行运输和保管责任。

4. 配载装车

天津好盟公司依据2016年7月22日待运送货物的性质、数量（体积）、流向、直达或中转等情况，按照一定的原则，如安全、不污染、不影响运输质量等，选择安排适当吨位或容积的车辆进行装载。

5. 货物起运及车辆运行

配载完成后，好盟公司需要按期发车，按线行驶，在中转站要由值班人员在路单上签证。有车辆跟踪系统的要按规定执行，使基站能随时掌控车辆在途情况。

6. 中转作业

对于需要中转的货物，好盟公司用中转零担班车或沿途零担班车的形式运到规定的中转站进行中转。

7. 到站卸货及异常情况处理

好盟公司货运班车到站后，车站货运人员向随车理货员或驾驶员索阅货物交接单，以及随车的有关单证，检查核对货物装载情况，经检查一切正常，在交接单上签字并加盖业务章。

8. 货物交付

货物到达后，好盟公司及时通知收货人凭提货单提货，或者按指定地点送货上门。收货人收到货物应在提货单上加盖印章，到达站交付货物后也应在提货单上加盖"货物付讫"戳记，以备存查。

任务评价

姓名		学号		专业			
活动名称		零担货物运输组织					
考核内容		考核标准	参考分值（100）	学生自评	小组互评	教师评价	考核得分
素养评价	1	具有良好的沟通能力和团队合作精神	10				
	2	能利用网络快速、准确搜集并总结有用信息	10				
知识评价	3	掌握零担运输的概念	20				
	4	掌握零担运输的特点	10				
技能评价	5	能够说出零担货物运输的三种组织形式	20				
	6	能够画出零担货物运输的作业流程	20				
	7	能够准确、流畅地完成任务	10				
总得分			100				

任务拓展

在教师的组织下，以小组为单位，结合本地的社会经济发展情况、交通运输情况、物流发展情况，讨论一下本地发展零担货物运输的有利条件和不利条件。在组织讨论前，学生先要进行一些调查研究，收集一些相关资料，最终每小组以PPT的形式进行汇报。

任务三　公路货物运单填写

任务目标

知识目标

1. 掌握公路货物运单的概念、特点
2. 掌握公路货物运单的样式

技能目标

1. 能够说出公路货物运单的填制要点
2. 能够正确填制公路运单

素养目标

1. 具有良好的沟通能力和团队合作精神
2. 具有一定的安全意识和良好的专业行为规范
3. 能利用网络快速、准确搜集并总结有用信息

任务发布

2016年7月23日，好盟公司接到来自天津丰达贸易发展公司发来的运输请求。具体内容见表2-3-1。

表2-3-1　运输通知单

TO：天津好盟物流运输有限公司
我司有一批机器须从天津工厂发往上海，具体信息如下表所示：

序号	商品名称	数量	单位	重量/kg	体积/m³	到货日期
1	VIDD牌打包机	80	件	1560	12	2016-7-25

收货单位	上海达利贸易公司
收货地址	上海市浦西长沙东路203号　邮编204000
联系人	张××
电话	021-3451×××，1386254×××，传真021-1230×××

急需发运！收到请回复！

FROM：天津丰达贸易发展公司　章×
022-8452××××　　1364832××××
天津市河东区中山路21号
邮编300000
传真022-1555××××

　　李琦要求刘龙等人根据获得的全部托运信息，将此次的托运信息编制成一张"公路货物运单"，尽快掌握公路运输的整个过程。

　　根据以上信息，刘龙等人该怎么编制运单呢？

任务资讯

一、什么是公路货物运单

　　公路货物运单是公路货物运输及运输代理的合同凭证，是运输经营者接受货物并在运输期间负责保管和据以交付的凭据，也是记录车辆运行和行业统计的原始凭证。

　　公路货物运单不是议付或可转让的单据，也不是所有权凭证。公路货物运单必须记载下列事项：运单签发日期和地点，发货人、承运人、收货人的名称和地址，货物交接地点、日期，一般常用货物品名和包装方法，货物重量、运费，海关报关须知等。

二、公路货物运单有哪些特点

　　填在一张货物运单内的货物必须属于同一托运人。对拼箱装分卸货物，应将拼装货分卸情况在运单记事栏内注明。易腐蚀货物、易碎货物、易溢漏的液体、危险货物与普通货物以及性质相抵触、运输条件不同的货物，不得用同一张货物运单托运。托运人、承运人修改运单时须签字盖章。

看一看

　　打开资源包，阅读文档《"运满满"：创新驱动让公路物流更美好》，并回答下列问题。

　　1."运满满"的技术创新体现在哪些地方？

　　2."运满满"接下来应如何部署行业新格局？

三、公路货物运单的样式

　　公路货物运单的样式如图2-3-1所示。

武汉鑫立隆物流有限公司货物托运单 No 0000001

日期　　年　月　日　发站：　　　到站：　　　查货电话：

收货单位		发货单位	
地　　址		电　　话	
姓　　名		收货方式	①自提　②送货上门
电　　话		保险额×3‰＝保险费	

货　号	货物名称	包装	件数	重量或体积	运　费	合　计	特约事项

合计费用（大写）　万　仟　佰　拾　元　角￥______

代收货款（大写）　万　仟　佰　拾　元　角￥______

结算方式：①现付　②提货付款　③回单结　④月结

托运协议：1、托运货物必须按规定包装完好，捆扎牢固。2、不得假报货名，不得在托运货物中夹带危险禁运等物品，否则一切损失由托运人负责。3、托运人必须参加货物运输保险，否则发生意外最高赔偿额不超过总运费的三倍。4、本单从开票之日起15天内查核有效，逾期作废。5、易损货物如玻璃、瓷器等，在运输途中若有损坏与承运方无关。6、承运方不负责包装内物品的检查，收货方亦只按件数验收。7、货物到达目的地三天内收货单位必须提货，否则，仓租等费用收货单位按期收费，如货物到达目的地20天后仍无人认领，承运方将按无货主处理。8、托运人必须如实填写货物名称、件数、重量及收货人详细地址和电话，并出具合法手续，否则沿途遇有关部门扣货罚款或因货物本身的质量，包装问题造成的各类损失，由托运人承担。9、此托运单未加盖承运方公章无效。

受理人签章：　　托运人签章：　　收货人签字及盖章：

武汉总部：027-8331×××× 1562906×××× 1363869××××

荆门分部：荆门市月亮湖果园三路　电话：0724-231×××× 1377406××××

钟祥分部：钟祥市开发区美香大道　电话：0724-428×××× 1562900××××

①存根（白）②客户（红）③司机（绿）④备查（黄）

图2-3-1　公路货物运单样式

四、公路货物运单包含哪些种类?

公路货物运单分为甲、乙、丙3种。甲种运单适用于普通货物、大件货物、危险货物等货物运输和运输代理业务，乙种运单适用于集装箱汽车运输；丙种运单适用于零担货物运输。

承、托运人要按道路货物运单内容逐项如实填写，不得简化、涂改。承运人或运输代理人接收货物后应签发公路货物运单，公路货物运单经承、托双方签章后有效。

甲、乙两种运单，第一联存根，作为领购新运单和行业统计的凭据；第二联托运人存查联，交托运人存查并由运输合同当事人一方保存；第三联承运人存查联，交承运人存查并由运输合同当事人另一方保存；第四联随货同行联，作为载货通行和核算运杂费的凭证，货物运达、经收货人签收后，作为交付货物的依据。

丙种运单，第一联存根，作为领购新运单和行业统计的凭证；第二联托运人存查联，交托运人存查并由运输合同当事人一方保存；第三联提货联，由托运人邮寄给收货人，凭此联提货，也可由托运人委托运输代理人通知收货人或直接送货上门，收货人在提货联收货人签章处签字盖章，收、提货后由到达站收回；第四联运输代理人存查联，交运输代理人存查并由运输合同当事人另一方保存；第五联随货同行联，作为载货通行和核算运杂费的凭证，货物运达、经货运站签收后，作为交付货物的依据。丙种运单与汽车零担货物交接清单配套使用。承运人接收零担货物后，按零担货物到站次序，分别向运输代理人签发运单（丙种）。已签订年、季、月度或批量运输合同的，必须在运单“托运人签章或运输合同编号”栏目注明合同编号，托运人委托发货人签章。批次运输任务完成或运输合同履行后，凭运单核算运杂费，或将随货同行联（第五联）汇总后转填到合同中，由托运人审核签字后核算运杂费。道路货物运输和运输代理经营者凭运单开具运杂费收据。运输危险货物必须使用在运单左上角套印“道路危险货物运输专用章”的运单（甲种），方准运行。

国际公路货物运输合同公约（CMR）运单一式3联。发货人和承运人各持运单的第一、三联，第二联随货物走。CMR运单不是议付或可转让的单据，也不是所有权凭证。CMR运单必须记载下列事项：运单签发日期和地点，发货人、承运人、收货人的名称和地址，货物交接地点、日期，一般常用货物品名和包装方法，货物重量、运费，海关报关须知等。

任务操作

步骤一：准备空白运单

首先需要明确要填制的运单任务，并准备好空白运单，如图2-3-2所示。

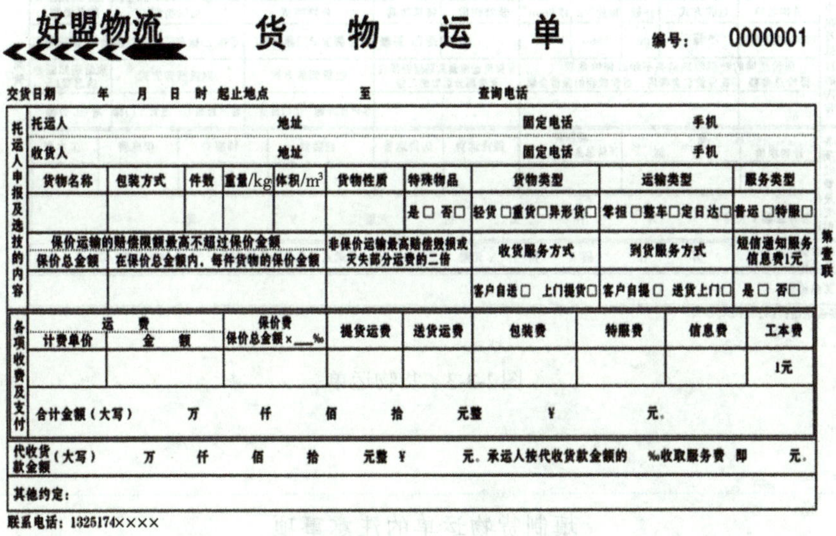
好盟物流 货 物 运 单 编号：0000001

交货日期 年 月 日 时 起止地点 至 查询电话

托运人申报及选择的内容

托运人 地址 固定电话 手机

收货人 地址 固定电话 手机

货物名称	包装方式	件数	重量/kg	体积/m³	货物性质	特殊物品	货物类型	运输类型	服务类型
						是□ 否□	轻货□重货□异形货□	零担□整车□定日达□	普运□特服□
保价总金额（保价运输的赔偿限额最高不超过保价金额）	在保价总金额内，每件货物的保价金额				非保价运输最高赔偿毁损或灭失部分运费的二倍		收货服务方式	到货服务方式	短信通知服务信息费1元
							客户自送□ 上门提货□	客户自提□ 送货上门□	是□ 否□

第壹联

各项收费及支付

运费 计费单价	运费 金额	保价费 保价总金额×___‰	提货运费	送货运费	包装费	特服费	信息费	工本费
								1元

合计金额（大写） 万 仟 佰 拾 元整 ¥ 元。

代收货款金额（大写） 万 仟 佰 拾 元整 ¥ 元。承运人按代收货款金额的 ‰收取服务费 即 元。

其他约定：

联系电话：1325174××××

图2-3-2 运单样式

步骤二：查看公路货物运单的填制要点

然后，查看公路货物运单的填制要点，具体内容如下：

1）一份运单，填写一个托运人、收货人、起运站、到达站。如同一托运人的货物分别属到达站的两个或两个以上收货人，则应分别填制运单。

2）托运的货物虽属同一个托运人、收货人，但托运多种货物，且其中有货物性质不相容时，也不能填制在同一张运单内。

3）危险货物的托运应填制专门的危险货物运单，即红色运单。

4）货物内容填制应完整、准确，如在同一张运单内托运多种品名的货物，则应分别注明货物的名称，不能用“等等”笼统字样。

5）收、发货人的名称、地址应详细填写，以免发生错运。

6）对货物件数、重量、体积、包装、标志等内容的描述应符合实际托运的货物。

7）特殊货物的托运，应根据该货物的运输要求填制。

8）内容准确完整，字迹清楚，不得涂改。如有涂改，应由托运人在涂改处盖章证明。

步骤三：填制货物运单

可根据运输的货物信息填写货物运单，货物运单如图2-3-3所示。

图2-3-3 货物运单

小贴士

填制货物运单的注意事项

一	二	三
■ 认真审阅资料，理清各部分资料之间的关系 ■ 一般其主脉络为：托运人信息—收货人信息—货物信息—增值服务信息—费用计算和结算方式—其他信息——审核、签名	■ 要注意运杂费计算项目不能有遗漏	■ 按照托运单审核要求认真审核托运单内容 ■ 由托运人签字确认

步骤四：检查填写的运单

检查运单的填写是否符合规范、是否有漏写信息等错误，确认无误后整理好交给主管。

小贴士

如何进行货物运单的审核

1.货物运单清洁性审核

对手工填写的货物运单，要检查核对货物运单各栏目有无涂改，对涂改不清的，应重新填写。

2.货物运单完整性审核

审核货物运单各栏目填写是否完整；审核单位名称、收发货人及地址等信息填写是否完整。

3.货物运单准确性审核

审核到达站与收货人地址是否相符，以免误写；审核费用项目计算是否正确，填写是否准确；审核各时间栏目填写是否符合逻辑；对一批货物多种包装的应认真核对，详细记载，以免错提错交。

4.货物运单匹配性审核

审核货物运单内填写的货物信息与货物实际是否相符；对货物的品名和性质进行鉴别，区别普通货物与笨重零担货物，普通货物与危险货物；审核笨重零担货物的长宽高能否适应公司零担货车的装卸及起运站、中转站、到达站的装卸能力；审核托运人在申明事项栏填写的内容，注意货主的要求是否符合规定，能否承担。

任务评价

姓名			学号		专业		
活动名称			公路货物运单填写				
考核内容		考核标准	参考分值(100)	学生自评	小组互评	教师评价	考核得分
素养评价	1	具有良好的沟通能力和团队合作精神	10				
	2	能利用网络快速、准确搜集并总结有用信息	10				
知识评价	3	掌握公路货物运单的概念、特点	20				
	4	掌握公路货物运单的样式	10				
技能评价	5	能够说出公路货物运单的填制要点	20				
	6	能够准确填制公路货物运单	20				
	7	能够准确、流畅地完成任务	10				
总得分			100				

任务拓展

晋江启达公路运输有限公司是一家现代化综合型货运企业，主要业务有普货运输和油品配送。启达公司拥有各种运输车辆100辆，其中普货车辆80辆，油罐车20辆。此外，公司新建大型停车场占地10 000m²，公司仓储面积为1 000m²。

请你以晋江启达公路运输有限公司调度员杜某的身份，分组进行角色扮演，模拟合作信息，完成雅韵服装有限公司公路货物运单的填制，如图2-3-4所示。

公路货物运单							
						运单编号：	
托运人姓名		电话		收货人姓名		电话	
单位				单位			
托运人详细地址				收货人详细地址			
托运人账号		邮编		电话		邮编	
取货地联系人姓名		单位		送货地联系人姓名		单位	
电话		邮编		电话		邮编	
取货地详细地址				运货地详细地址			
始发站		目的站		起运日期		要求到货日期	
运距/km				是否取送： □取货 □送货		是否需要回执： □否 □送单 □客户单据	
路由							
货物名称	包装方式	件数	计费重量/kg	体积/m³	托运人或代理人签字或盖章： 年 月 日 时 分		
					取货人签字或盖章： 年 月 日 时 分		
合计					收货人或代理人签字或盖章： 年 月 日 时 分		
收费项	运费	取/送货费	杂费	费用小计	送货人签字或盖章： 年 月 日 时 分		
费用金额（元）							
客户投保声明	是否投保 □是 □否				备注：		
	投保金额		保险费				
运杂费合计（大写）		万 仟 佰 拾 元 角					
现结		月结		预付款（元）		到付（元）	付款账号
制单人		受理日期			受理单位		

图2-3-4　公路货物运单

任务四　公路货物运费核算

任务目标

知识目标

1.掌握公路货物运输的计费标准

2.掌握公路运输的其他费用

技能目标

1.能够写出公路货物运输费用的计算公式

2.能够完成公路货物运费的计算

素养目标

1.具有良好的沟通能力和团队合作精神

2.具有一定的安全意识和良好的专业行为规范

3.能利用网络快速、准确搜集并总结有用信息

任务发布

2017年10月，好盟公司近期与大客户天津美誉科技有限公司签订了第三方物流服务合同。其中好盟公司承揽的运输业务内容如图2-4-1所示。

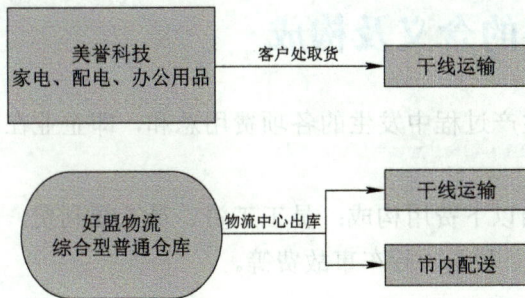

图2-4-1　运输业务内容

5日上午，好盟公司就接到该客户签字盖章的传真，该运输指令具体内容见表2-4-1。

表2-4-1　发货通知单

TO：天津好盟物流运输有限公司
我公司有一批家电需从天津工厂发往西安，具体信息如下表所示：

序号	商品名称	数量	单位	重量/t	体积/m³	到货日期
1	洗衣机	50	箱	8	40	2017-11-20
收货单位	西安美化科技有限公司					
收货地址	西安市雁塔区旺座C楼102室 邮编710004					
联系人	刘××					
电话	029-8451××××，1341107××××，传真029-8230××××					

急需发运！收到请回复！

FROM：天津美誉科技有限公司　王×
022-5078××××　　1378273××××
天津市红桥区111号
邮编300000
传真022-1555××××

说明：客户要求自提、自送。返运单作为回单。

好盟公司根据运输的产品数量、性质决定采用整车运输，公司与客户美誉科技的运费按照合同规定计算，整车运输吨次费为20元/（t·km），经过双方商议杂费定为2000元。

李琦将这项任务交给刘龙等人，希望他们借此机会全面掌握公路运输相关业务知识，刘龙等人该怎么计算呢？

▶▶▶ 任务资讯

一、运输费用的含义及构成

运输费用是指运输生产过程中发生的各项费用总和，即企业在获取营运收入的过程中所支付的各项费用。

公路运输费用主要由以下费用构成：员工工资、员工福利费、燃料费、轮胎费、修理费、折旧费、运输管理费、税金、行车事故费等。

二、你不知道的那些公路运费计价标准

公路运费计价标准见表2-4-2。

表2-4-2　公路运费计价标准

运输分类	计量单位	重量确定	计价里程
整批运输	元/t（km）	吨以下计至100kg，尾数不足100kg的，四舍五入	尾数不足1 km的，进整为1 km
零担运输	元/kg（km）	起码计费重量为1 kg，重量在1 kg以上，尾数不足1 kg的，四舍五入；轻泡货物以货物包装最长、最宽、最高部位尺寸计算体积，按每立方米折合333 kg计算重量	
集装箱运输	元（箱）	—	
计时包车运输	元/t（h）	按车辆的标记吨位计算。包车货运计费时间以小时为单位。起码计费时间为4 h；使用时间超过4 h，按实际包用时间计算。整日包车，每日按8 h计算；使用时间超过8 h，按实际使用时间计算。时间尾数不足半小时舍去，达到半小时进整为1 h	
备注	—	一般货物，按毛重计算，散装货物按体积由各省、自治区、直辖市统一规定重量换算标准计算重量	

三、如何计算货物运费

公路货物运费计算公式见表2-4-3。

表2-4-3　公路货物运费计算公式

运输形式	计算公式
整车运输	整批货物运费（元）=吨次费（元/t）×计费重量（t）+整批货物运价（元/（t·km））×计费重量（t）×计费里程（km）+货物运输其他费用（元）
零担运输	零担货物运费（元）=计费重量（kg）×计费里程（km）×零担货物运价（元/kg·km）+货物运输其他费用（元）
集装箱运输	重（空）集装箱运费（元）=重（空）箱运价（元/（箱·km））×计费箱数（箱）×计费里程（km）+箱次费（元/箱）×计费箱数（箱）+货物运输其他费用（元）
计时包车	包车运费（元）=包车运价（元/t·h）×包用车辆吨位（t）×计费时间（h）+货物运输其他费用（元）

看一看

打开资源包，阅读文档"降低卷烟物流公路运输费用"，并回答下列问题。

1. 案例中从哪些方面入手来研究这一课题？
2. 案例中最终达到的成效怎么样？

四、公路运输其他费用包含哪些

公路运输其他费用介绍见表2-4-4。

表2-4-4　公路运输其他费用介绍

其他费用	主要内容
调车费	应托运人要求，车辆调往外省、自治区、直辖市或调离驻地临时外出驻点参加营运，调车往返空驶者，可按全程往返空驶里程、车辆标记吨位和调出省基本运价的50%计收调车费
延滞费	（1）发生下列情况，应按计时运价的40%核收延滞费： ①因托运人或收货人责任引起的超过装卸时间定额 ②应托运人要求运输特种或专项货物需要对车辆设备改装、拆卸和清理延误的时间 ③因托运人或收货人造成不能及时装箱、卸箱、掏箱、拆箱、冷藏箱预冷等 （2）由托运人或收、发货人责任造成的车辆在国外停留延滞时间延滞费按计时包车运价的60%～80%核收 （3）因承运人责任引起货物运输期限延误，应根据合同规定，按延滞费标准，由承运人向托运人支付违约金
装货（箱）落空损失费	应托运人要求，车辆开至约定地点装货（箱）落空造成的往返空驶里程，按其运价的50%计收装货（箱）落空损失费
道路阻塞停运费	汽车货物运输过程中，如发生自然灾害等不可抗力造成的道路阻滞，无法完成全程运输，需要就近卸存、接运时，卸存、接运费用由托运人负担。已完运程收取运费；未完远程不收运费；托运人要求回运，回程运费减半；应托运人要求绕道行驶或改变到达地点时，运费按实际行驶里程核收
车辆处置费	应托运人要求，运输特种货物、非标准箱等需要对车辆改装、拆卸和清理所发生的工料费用，均由托运人负担
车辆通行费	车辆通过收费公路、渡口、桥梁、隧道等发生的收费，均由托运人负担
运输变更手续费	托运人要求取消或变更货物托运手续，应核收变更手续费。因变更运输，承运人已发生的有关费用，应由托运人负担

五、运费的计算过程

一般情况下，运费可按如下作业程序计算：

1.根据货物运单和运输路线，确定计费里程

同一运输区间有两条以上运营路线可供行驶时，应选择最经济合理的路线为计费里程，如因自然灾害、路阻和因货物性质需要绕道行驶时，应以实际行驶里程为计费里程。

2.确定货物的类别及相应的运价

整车运输的运价以"元/（t·km）"为单位。根据货物的等级、货物运输距离的长短、货物的普通或特殊性等情况，按主管部门规定费率计算。

小贴士

企业物流运输价格讨论

1.公司背景

某外商独资食品制造企业在中国投资有6个工厂（不包括在建和OEM的工厂），旗下有四大品牌，年销售额近10亿元。

2.公司物流情况

运输基本情况：公司目前主要的销售区域集中于南方，南北大致销售比例为7∶3（以长江划分南北）。由于生产的是低附加值的玻璃罐装食品（暂时只有小部分使用PET瓶），所以公司对物流成本一直比较重视。目前整体物流费用占公司销售成本的4%左右。

A厂每天运输数量在300~500t。省内配送主要使用汽运，而省外港口城市多使用海运集装箱再短驳至客户。省内配送使用过一段时间的自由车辆，但考虑到成本较高最终改用第三方物流车辆。

运输管理主要工作：监控运作质量；管理合同价格（价格谈判）；日常回顾；提供发货信息给其他相关部门。

运费结算：汽车运输价格设定，按不同吨位、不同标准收取（例如，同一目的地1~3t，3~8t，8~10t，10t以上，计价单位元/t）每天客服将订单通知车队（运输供应商），由车队根据订单情况派出车辆到工厂装货，具体车辆调度由车队完成（比如某车装哪几票货物，或者每票货物装多少）。车队根据每月发货情况跟客服部门对账确认运费。

3.案例分析

在这个案例中，物流部门管理者只是关注了价格表面化的问题。如果只是通过单一的谈判方式来达到降低运输价格的目的效果不会很好。原因主要是企业很难清楚运输企业物流费用构成的具体情况，物流企业一旦咬定价格已经是最低，谈起来就会有一定困难。当然企业可以其他运输供应商的价格做参照，但由于其他企业并没有操作过公司具体业务，对公司实际物流运作情况并不了解，报价也可能有偏差（比如业务量、业务特点、线路分布、频率都可能影响到价格）。另外，报价还要考虑物流供应商的规模、运作能力及信用等因素。所以，对外部价格的收集和对后备供应商的考察都是物流部门日常很重要的工作。在这里，我们主要要谈的却不是以上那些。在案例中，我们留意到该企业的物流调度管理职能很弱，派单实际是由供应商协助完成的，这样无疑丢失了价格管理的重要管理工具——订单管理和线路规划。订单由供应商分配，那其结算方式无疑是按票结算，无法实现线路规划，更无法实现规模管理，订单被迫都按最小基数结算，这样企业就可能会吃亏（比如1个10t车，装了3票货，其中1车2.5t到中山、2.5t到韶关、5t到江门，这样的话运费价格就会比较高。而实际运作中，更多企业是用的整车到最远一个点的单价加多点的计价方式，当然这些点之间距离不会太远，而且都在一条线路上。以上方式不一定是最佳的，部分企业通过实践和与供应商沟通还会有所调整）。公司放弃调度主动权还有两个坏处：对于订单管理而言，控制订单大小、客户下单时间的目的没有完全达到；对于运输时间的控制难度加大。物流供应商考虑的最多的还是如何降低成本，所以有时对线路安排的合理性考虑得就少。线路不合理，运输时间就可能因此而拉长。如果因物流企业线路规划不合理增加了运作成本却要企业承担那这样的价格无疑更不合理。

4.问题

（1）公路货物运费由哪几部分组成？

（2）运输路线规划的方法有哪些？

（3）公司如果想降低运输费用可以从哪些方面进行改进？（目前主要通过每年跟供应商的价格谈判降低价格）

3. 确定货物的计费质量

整车货物计费以吨为单位，零担货物计费以公斤为单位，普通货物计费质量按货物实际质量计（含包装物），轻浮货物按体积折算重量计算。

4. 计算运费

运费＝计费质量×计费里程×费率

根据具体情况确定运杂费。

总运费＝累计运费＋杂费

六、如何控制运输费用？

由于运输企业管理的多层次和作业过程的多环节，运输成本控制涉及企业运输经营活动的各个环节，必须建立纵横交错、责任分明、相互衔接和制约的目标成本控制体系。运输费用控制方法主要有以下几个。

1. 减少运输环节

对有条件直运的，应尽可能采取直达运输，由产地直运到销售地或用户，减少二次运输。同时，更要消除相向运输、迂回运输等不合理现象。

2. 合理选择运输工具

运输工具的经济性、快速性、安全性和便利性之间存在着相互制约的关系。因此，在目前多种运输工具并存的情况下，必须注意根据不同货物的特点及对物流时效的要求，对运输工具所具有的特征进行综合评价，以便合理选择运输工具，并尽可能选择廉价运输工具。

3. 制订最优运输计划

在企业到消费地的单位运费、运输距离以及各企业的生产能力和消费量都已确定的情况下，可用线性规划技术来解决运输的组织问题；如果企业的生产量发生变化，生产费用函数是非线性的，就应使用非线性规划来解决。属于线性规划类型的运输问题，常用的方法有单纯形法和表上作业法。

4. 注意运输方式

采用零担凑整、集装箱、捎脚回空运输等方法，可扩大每次运输批量，减少运输次数。采用合装整车运输是降低运输成本的有效途径。合装整车运输的基本做法有：零担货物拼整车直达运输；零担货物拼整车接力直达或中转分运；整车分拆和整车零担等。

5. 提高货物装载量

改进商品包装，压缩疏松的商品体积并积极改善车辆的装载技术和装载方法，可以运输更多的货物。提高装载率的基本思路是：一方面要最大限度地利用车辆载重吨位；另一方面要充分使用车辆装载容积。具体的做法包括：组织轻重配装；对于体大笨重、不易装卸又容易碰撞致损的货物，如自行车、科学仪器等，可采取解体运输。同时加强计划工作，避免出现"货多车少"和"货少车多"的现象。

小贴士

运输合理化综合案例

捷运公司是一家家电连锁企业的配送业务承包商，负责该家电企业在N市的流通仓库送货业务，即该家电连锁企业在N市的所有卖场卖出家电后，均通知该流通仓库送货上门。送货部门的张经理近来愁上眉头：随着国家家电下乡、以旧换新等政策的出台，该家电企业的销售情况持续火爆，配送车辆总是不够用，流通仓库接到卖场发货通知后将要发出的家电产品送到出货口时，经常面临无车可装的窘境，不得不堆在仓库的出货口；产品配送的准时到达率非常低，甚至出现了与客户约好上午11点送到但直到下午4点多才姗姗到达的情况。与此同时，部门的送货成本也直线上升。张经理认为这是运力不足造成的，所以提交了好几份申请，要求购买或租赁货车。而财务部谢经理对此却持强烈反对意见，认为该部门成本已经在直线上升了，再添置新车公司总成本的压力实在太大。而且财务部通过分析以往的数据，提出疑问：现在有8辆5t的货车，如果每辆平均每天送货两次，那就有80t的运力，而现在平均每天的送货量大约为50t，即使高峰的时候，也不超过65t。这样算下来运力利用率也只不过刚60%而已，怎么可能运力不够呢？可张经理则认为要是把货车都装满了，按N市现在糟糕的交通状况，那一天就跑不了两趟；而且货车装满了，装卸货时间将大大增加，也许一趟货都送不完，效率反而要下降！

为了让谢经理转变对送货部门运力使用不充分的看法，张经理邀请谢经理一同到送货作业现场实地察看。在流通仓库的出货口，远远就看见几个工人坐在一边，无所事事的样子。看到张经理走过来，他们似乎有些不好意思地站了起来。出货口的情况不容乐观，一堆堆的各种纸箱包装的家电静静地待在那里，几乎堵塞了仓库出货口的通道。墙上的挂钟显示现在马上要到上午9点。每天早上9点、下午3点是送货车的发车时间。"这些货为什么不装车啊？"谢经理问道。张经理苦笑着回答道："是我让他们不要再装了。"现在订单越来越多，可我们一趟最多只能送那么多了。说着张经理打开了旁边一辆正在准备出发的货车车厢门。谢经理看了看车厢内的装车情况，充其量只装满了1/3的车厢空间。"怎么可能呢，这些货差不多只有二十几个客户的订单，你们从早上8点上班，下午5点下班，一天跑两趟还送不完？"谢经理看了送货单之后问张经理。张经理没有直接回答，而是与谢经理一起坐上这辆送货车，实地考察送货的过程。

随着送货车辆穿街走巷，时间飞快地过去。说实话，驾驶员的驾驶水平无可挑剔，对路况了如指掌，送货车在大街小巷内穿梭，巧妙地避开了那些车流拥挤的道路。可出乎意料的是，尽管送货车一刻不停，车厢里的货物减少速度却慢得出奇，一整天奔波下来，却只能跑十几家客户。谢经理对送货员工的勤奋和技术没有置疑，可同时也指出一个现象：送货车就像是在一个迷宫里打转，常常在同一个地方、同一条马路上来回开好多次。偶尔还会看到本公司其他送货车擦身而过，其中一辆车甚至在视线中出现过三四次。简言之，送货车从头到尾都在走迷宫，在城里像无头苍蝇一样乱撞。回来后，谢经理在与张经理商谈时说："一定有什么地方出错了。"张经理也表示同意，但现在业务量这么大，他也一时想不出什么好的办法，迫不得已才申请增加送货车辆的。

第二天谢经理与张经理一同来到公司领导办公室，各自汇报了情况和想法。了解这些情况后，公司领导决定：送货部门先尝试挖掘现有潜力，财务部门也提前做好预算规划，如果最后确实有必要，可以增购送货车辆。

张经理于是抽时间开了一个部门会议进行讨论分析，很显然，目前面临的情况是：不装满，不能完成当日送货总量，如果满载，则在规定时间内无法完成交付作业。但问题到底出在哪里呢？是路线选择问题，是送货顺序问题，还是车辆配载问题？

案例分析：

经过激烈讨论，最后的结论分为两方：

一方认为最大的问题是送货作业的出发点过于迁就客户，结果欲速不达。在同一地区同一天不同时间段往往出现几个客户要送货，结果只考虑满足客户的时间和频率要求，派几个车次分别送货，运力浪费极大，车辆自然就不够用。如果我们送货前与客户充分协商，最大限度地让客户能接受的送货需求与我们送货车辆的利用率及送货成本协调起来，车辆的载重量及容积都能得到充分的利用，那现有的运力就能够满足需要，而且成本还可以降低。

另一方则认为，是目前的送货作业规划存在不足。应该在划分作业片区、构建片区送货路线网络图、合理分配送货资源、合理安排送货计划及调度实施方面加以改进。

思考题：

1. 你认为，问题到底出在哪里呢？
2. 如果你是张经理，你觉得应该采纳哪一方的意见，采纳意见后如何具体实施呢？
3. 运输合理化的措施有哪些？

任务操作

步骤一：确定计费里程和计费重量

计费里程就是计算发站至到站的运价里程。通过查询"货物运价里程表"，确定计费里程为天津到西安1148km；洗衣机不属于轻泡货，计费重量为8t。

步骤二：确定运输货物的等级

公路部分普通货物运价见表2-4-5。通过查阅，确定运输货物的等级。

表2-4-5　公路普通货物运价

等级	名称
一等货物	砂、石、非金属矿石、土、渣
二等货物	煤、粮食及加工品、棉花、麻、油料作物、烟叶、蔬菜瓜果、植物油、植物的种子、草、藤、树条、蚕、茧、肥料、农药、糖、肉、油脂及制品、水产品、皮毛、塑料、日用百货、棉麻制品、药材、纸、纸浆、文化体育用品、印刷品、木材、橡胶、可塑材料及制品、水泥及其制品、钢材、有色金属及其制品、矿物性建筑材料、金属矿石、焦炭、原煤加工品、盐、泥、灰、废品及散碎品、空包装容器、其他（未列入表中的其他货物）
三等货物	蜂、观赏花、木、蛋、乳、干菜、干果、橡胶制品、颜料、染料、食用香精、树胶、木腊、化妆品、木材加工品、家具、交电器材、毛、丝、呢绒、化纤、皮革制品、烟、酒、饮料、茶、糖果、糕点、淀粉、冰及冰制品、中西药品、医疗器具、贵重纸张、文娱用品、美术工艺品、陶瓷、玻璃及其制品、机器及设备、车辆、污染品、粉尘品、装饰石料、带釉建筑用品
危险货物	汽油、柴油、雷管、炸药、导火线、纱包线、母线

注：未列入表内的其他货物，可参照同类货物的分类。

通过查阅，确定洗衣机属于三等普通货物。

注意事项：普通货物实行分等计价，以一等货物为基础，二等货物加成15%，三等货物加成30%。

步骤三：确定货物运输的运费率

根据公路普通货物运价率（见表2-4-6），确定货物运费率。

表2-4-6　公路普通货物运价率

货物分类运距/km	一等货物/（元/t）	二等货物/（元/t）	三等货物/（元/t）	危险货物/（元/t）
1	1.710	1.967	2.223	2.565
2	1.200	1.380	1.560	1.800
3	1.100	1.265	1.430	1.650
4	0.890	1.024	1.157	1.335
5	0.840	0.966	1.092	1.260
6	0.800	0.920	1.040	1.200
7	0.780	0.897	1.014	1.170
8	0.760	0.874	0.988	1.140

续表

货物分类运距/km	一等货物/（元/t）	二等货物/（元/t）	三等货物/（元/t）	危险货物/（元/t）
9	0.740	0.851	0.962	1.110
10	0.720	0.828	0.936	1.080
11	0.700	0.805	0.910	1.050
12	0.680	0.782	0.884	1.020
13	0.660	0.759	0.858	0.990
14	0.640	0.736	0.832	0.960
15	0.620	0.713	0.806	0.930
16	0.600	0.690	0.780	0.900
17	0.580	0.667	0.754	0.870
18	0.560	0.644	0.728	0.840
19	0.540	0.621	0.702	0.810
20	0.520	0.598	0.676	0.780
21	0.500	0.575	0.650	0.750
22	0.480	0.552	0.624	0.720
23	0.460	0.529	0.598	0.690
24	0.440	0.506	0.572	0.660
25	0.420	0.460	0.546	0.630
26	0.400	0.483	0.520	0.600
27	0.380	0.437	0.494	0.570
28	0.360	0.414	0.468	0.540
29	0.340	0.391	0.442	0.510
30	0.320	0.368	0.416	0.480
30以上	0.31	0.36	0.4	0.47

查阅公路普通货物运价率表，30km运距以上电子产品运价费率为0.4元/t。

步骤四：计算运费

代入相应的计算公式，计算基本运费。

整批货物运费（元）=吨次费（元/t）×计费重量（t）+整批货物运价[元/（t·km）]×计费重量（t）×计费里程（km）+货物运输其他费用（元）

整车运输基本运费=20×8+（1+30%）×0.4×8×1148=4935.68元。

步骤五：确定货物运输其他费用

综合考虑当地的燃油费、高速公路过路费、驾驶员劳务费、保险费等杂费，最后得到运杂费总额。

根据题目得知这次运输商定的杂费为2000元。

步骤六：求运输的总费用

此次整车运输总费用=4935.68+2000=6935.68(元)

任务评价

姓名			学号		专业		
活动名称			公路货物运费核算				
考核内容		考核标准	参考分值(100)	学生自评	小组互评	教师评价	考核得分
素养评价	1	具有良好的沟通能力和团队合作精神	10				
	2	能利用网络快速、准确搜集并总结有用信息	10				
知识评价	3	掌握公路货物运输的计费标准	15				
	4	掌握公路运输的其他费用	15				
技能评价	5	能够写出公路货物运输费用的计算公式	20				
	6	能够完成公路货物运费的计算	20				
	7	能够准确、流畅地完成任务	10				
总得分			100				

任务拓展

某托运人从安阳托运一台机器，重26t，使用60t货车一辆装运至徐州北，请计算其运费。

项目三　铁路运输

任务一 铁路货物运输流程

任务目标

知识目标
1.熟悉铁路货物运输的一般流程
2.熟悉铁路运输的具体工作流程

技能目标
1.掌握铁路货物运输的流程
2.能完成铁路货物运输

素养目标
1.具有良好的沟通能力和团队合作精神
2.具有一定的安全意识和良好的专业行为规范
3.能利用网络快速、准确搜集并总结有用信息

任务发布

2017年10月10日，好盟公司的主管李琦已经让刘龙等人对公路运输进行了详细而全面的了解，铁路运输学习起来就相对快了。为了让刘龙等人尽快掌握铁路运输的相关知识，李琦决定先让他们学习运输的流程。天津安民粮食有限公司是好盟公司的长期客户，自8月以来，浙江、湖南、福建、广东等地因高温少雨造成干旱，农作物受损严重，天津安民粮食有限公司现需要将50 t玉米运到湖南的惠丰养殖场。由于旱情紧急，收到安民粮食的运输请求后，公司便迅速调动人员和车辆，展开此次运输任务。

李琦将此任务交给刘龙等人，他们会怎么完成呢？

任务资讯

一、什么是铁路货物运输

铁路货物运输是现代运输主要方式之一，也是构成陆上货物运输的两种基本运输方式之一，在国际货运中的地位仅次于海洋货物运输。铁路货物运输与海洋货物运输相比，一般不易受气候条件的影响，可保障全年的正常运行，具有高度的连续性。

3

铁路货物运输种类即铁路货物运输方式，按中国铁路技术条件，现行的铁路货物运输可分为整车、零担、集装箱3种。整车适于运输大宗货物；零担适于运输小批量的零星货物；集装箱适于运输精密、贵重、易损的货物。

看一看

你知道铁路运输企业是什么样的吗？打开资源包，观看"墨尔本铁路运输公司宣传片"视频，谈谈你的感受。

二、铁路货物运输的一般流程（见图3-1-1）

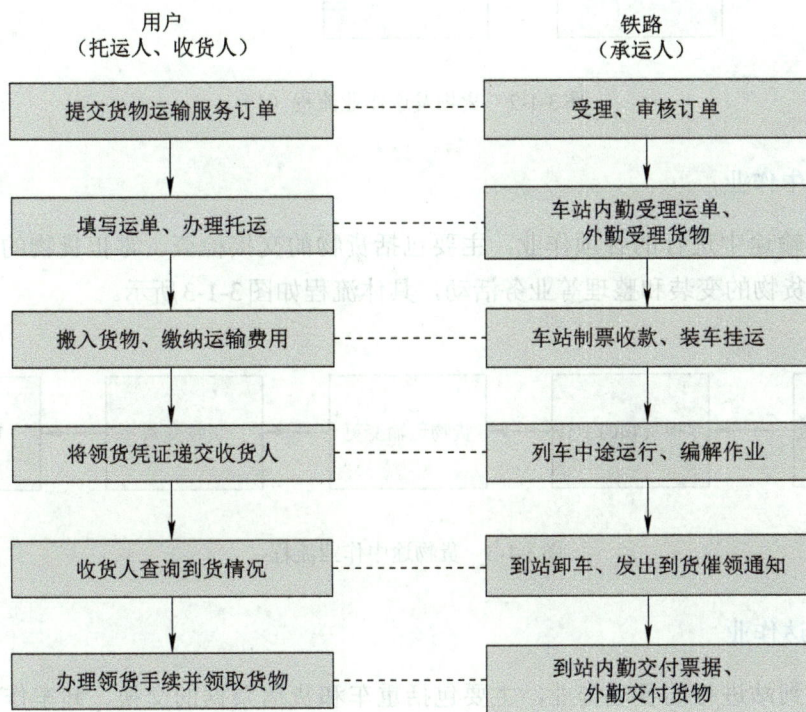

用户
（托运人、收货人）　　　　　铁路
（承运人）

提交货物运输服务订单	-----	受理、审核订单
填写运单、办理托运	-----	车站内勤受理运单、外勤受理货物
搬入货物、缴纳运输费用	-----	车站制票收款、装车挂运
将领货凭证递交收货人	-----	列车中途运行、编解作业
收货人查询到货情况	-----	到站卸车、发出到货催领通知
办理领货手续并领取货物	-----	到站内勤交付票据、外勤交付货物

图3-1-1 铁路货物运输流程

三、铁路货物运输具体流程包含哪些

1. 货物发送作业

铁路运输公司为运输货物的发站进行的各项作业，主要包括货物受理承运、装车作业、核算运输费用和填制货运票据等业务活动，具体流程如图3-1-2所示。

67

```
┌──────────────┐   ┌──────────────┐   ┌──────────┐   ┌──────────┐   ┌──────────────┐
│ 托运人向承运人 │──▶│ 提交货物运单  │──▶│   进货   │──▶│   缴费   │──▶│ 与发站共同完成 │
│ 的发站申报运输 │   │              │   │          │   │          │   │   承运手续    │
│     要求      │   │              │   │          │   │          │   │              │
└──────────────┘   └──────────────┘   └──────────┘   └──────────┘   └──────────────┘
                                                                           │
┌──────────────┐   ┌──────────────┐   ┌──────────────┐   ┌──────────────┐   ▼
│  核收运输费用  │◀──│ 填制货物运输票 │◀──│ 验收货物及其运 │◀──│ 审查货物运单  │◀──┤ 发站受理托运人 │
│              │   │      据       │   │    输包装     │   │              │   │   运输要求    │
└──────────────┘   └──────────────┘   └──────────────┘   └──────────────┘   └──────────────┘
      │
      ▼
┌──────────────┐   ┌──────────────┐   ┌──────────────┐
│ 运单加盖发站日 │──▶│ 组织装车及货车 │──▶│  集装箱施封   │
│    期戳       │   │              │   │              │
└──────────────┘   └──────────────┘   └──────────────┘
```

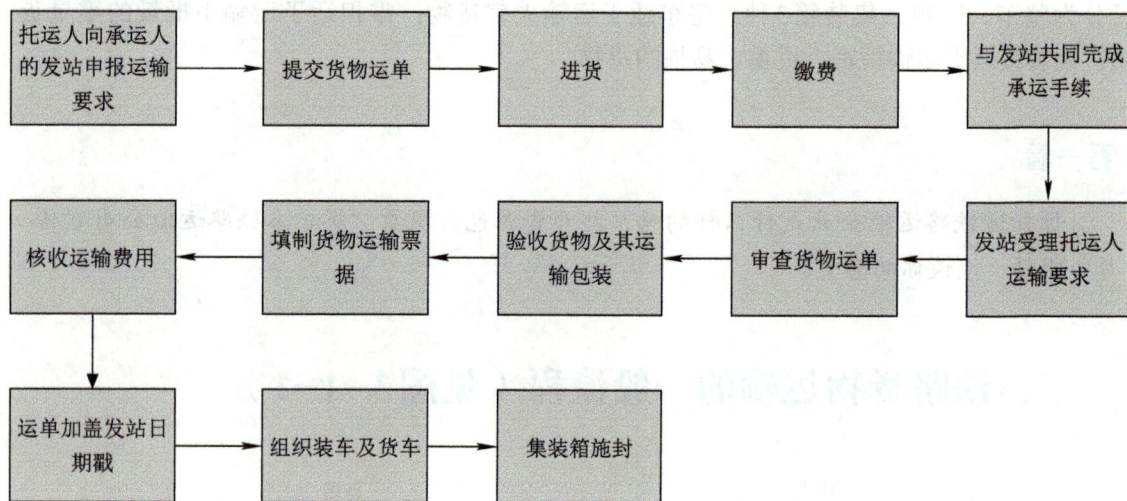

图3-1-2　货物发送作业流程（1）

2. 货物途中作业

在货物运输途中进行的各项作业，主要包括货物的交接检查、零担货物的中转、货物运输变更以及货物的变装和整理等业务活动，具体流程如图3-1-3所示。

```
┌──────────────┐   ┌──────────────┐   ┌──────────────┐   ┌──────────┐   ┌──────────┐
│ 货物的交接检查 │──▶│ 零担货物的中转 │──▶│  货物运输变更  │──▶│ 货物变装 │──▶│ 货物整理 │
└──────────────┘   └──────────────┘   └──────────────┘   └──────────┘   └──────────┘
```

图3-1-3　货物途中作业流程

3. 货物到达作业

在货物的到站进行的各项作业，主要包括重车和货运票据的交换、卸车作业、保管和交付等业务活动。到站向收货人办完货物交付手续后，即完成该批货物的全部运输过程，具体流程如图3-1-4所示。

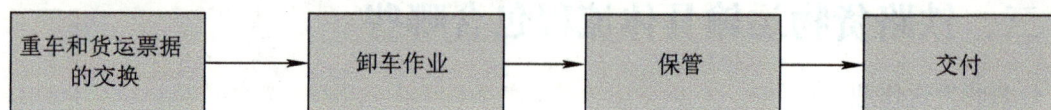

```
┌──────────────┐   ┌──────────┐   ┌──────────┐   ┌──────────┐
│ 重车和货运票据 │──▶│ 卸车作业 │──▶│   保管   │──▶│   交付   │
│   的交换      │   │          │   │          │   │          │
└──────────────┘   └──────────┘   └──────────┘   └──────────┘
```

图3-1-4　货物到达作业流程

小贴士

货主和铁路的活动过程如图3-1-5所示。

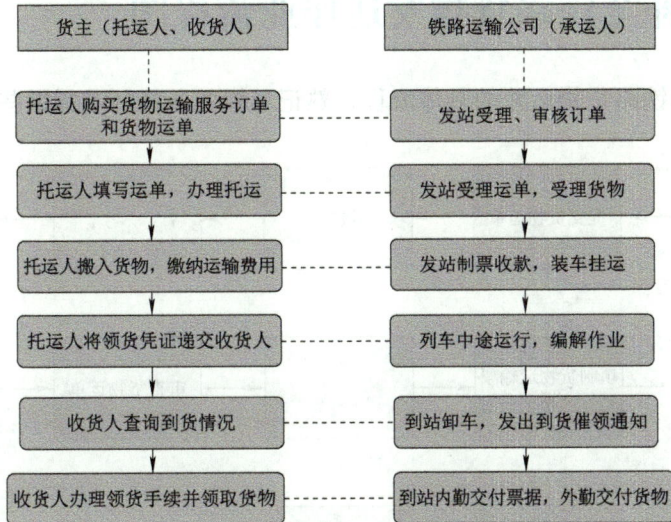

图3-1-5　货主和铁路的活动过程

四、什么是铁路货物运单

铁路货物运单是托运人与承运人之间,为运输货物而签订的一种运输合同或运输合同的组成部分。它是确定托运人、承运人、收货人之间在铁路运输活动中的权利、义务和责任的原始依据。铁路货物运单既是托运人向承运人托运货物的申请书,又是承运人承运货物和核收运费、填制货票以及编制记录和备查的依据。铁路货物运单由货物运单和领货凭证两部分组成,整车货物运单填写式样如图3-1-6所示。

图3-1-6　铁路整车货物运单填写式样

步骤一：补全铁路货物发送作业流程图

补全图3-1-7中铁路货物运输的具体流程，熟记运输的各个环节需做些什么。

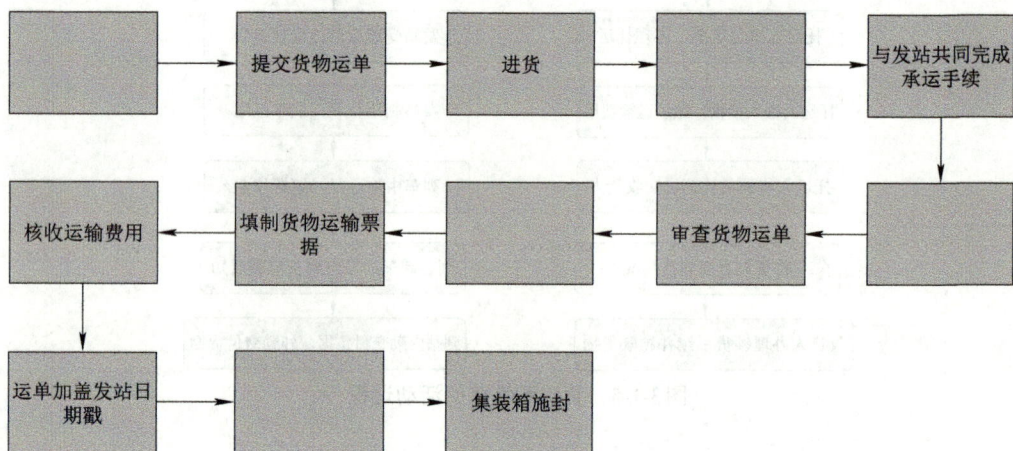

图3-1-7　货物发送作业流程（2）

步骤二：角色分配

根据铁路货物运输的流程，参考一下角色分配（见表3-1-1，可以根据实际情况进行调整），模拟完成此次铁路货物运输。

表3-1-1　角色分配表

参考角色	参考人数
客服员	1
托运人	1
调度员	1
取货员	3
装卸员	3
收货人	1

步骤三：模拟铁路货物运输的发送作业

1. 货物的托运与受理

8月10日6点，客户天津安民粮食有限公司通过拨打好盟公司客服部电话，提报即将发运的玉米的到站、托运人、收货人、吨数、规格等产品相关信息；由于此次运输情况紧急，客服人员受理后马上通知调度员去调度人员和车辆。

2. 进货与验货

因此次运输的玉米共50t，所以调度员派出两辆载重量为25t的厢式货车前往天津安民粮食有限公司取货。车站工作人员对照托运货物的规定进行核查，核对运输重量、质量等是否符合规定。检查结果一切正常方可安排货物装车。

3. 制票承运

车站工作人员根据运单制作货票（见图3-1-8），正确填写货票内容，并核收运输费用，最后在运单上加盖日期戳以示承运。

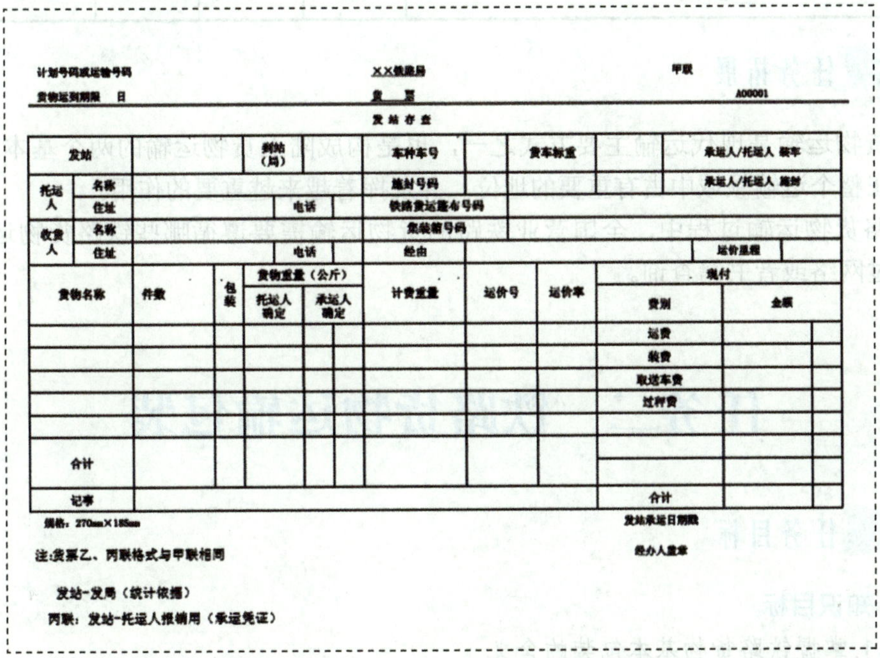
计划号码或运输号码　　　　××铁路局　　　　甲联
货物运到期限　日　　　　货　票　　　　A00001
发站存查

发站		到站（局）		车种车号		货车标重		承运人/托运人 装车
托运人 名称				施封号码				承运人/托运人 施封
托运人 住址		电话		铁路货运篷布号码				
收货人 名称				集装箱号码				
收货人 住址		电话		经由			运价里程	

货物名称	件数	包装	货物重量（公斤） 托运人确定	货物重量（公斤） 承运人确定	计费重量	运价号	运价率	现付 费别	现付 金额
								运费	
								装费	
								取送车费	
								过秤费	
合计									
记事								合计	

规格：270mm×185mm　　　　发站承运日期戳
注：货票乙、丙联格式与甲联相同　　　　经办人盖章
发站-发局（统计依据）
丙联：发站-托运人报销用（承运凭证）

图3-1-8　铁路货物运输货票

4. 装车发运

装车前，一定要检查车底是否平整，是否铺好雨布或纸袋，车帮两边是否有尖锐突出情况等。装车完成后，检查车门是否关好等，检查完毕，开始运送货物，完成发送作业。

任务评价

姓名			学号			专业	
活动名称			铁路货物运输流程				

考核内容		考核标准	参考分值（100）	学生自评	小组互评	教师评价	考核得分
素养评价	1	具有良好的沟通能力和团队合作精神	10				
	2	能利用网络快速、准确搜集并总结有用信息	10				
知识评价	3	熟悉铁路货物运输的一般流程	15				
	4	熟悉铁路货物运输的具体工作流程	15				
技能评价	5	掌握铁路货物运输的流程	20				
	6	能完成铁路货物运输	20				
	7	能够准确、流畅地完成任务	10				
总得分			100				

任务拓展

铁路货物运输是现代运输主要方式之一，也是构成陆上货物运输的两个基本运输方式之一。它在整个运输领域中占有重要的地位，并发挥着越来越重要的作用。

在铁路货物运输过程中，全国营业铁路的货物运输需要遵循哪些铁路货物运输规程，请大家通过网络或者书籍查询。

任务二　铁路货物运输包装

任务目标

知识目标
1.掌握铁路货物基本包装的含义
2.掌握货物包装基本标志的样式及含义
技能目标
1.掌握铁路货物的包装方法
2.会绘制包装标志
素养目标
1.具有良好的沟通能力和团队合作精神

2.具有一定的安全意识和良好的专业行为规范

3.能利用网络快速、准确搜集并总结有用信息

任务发布

2017年10月12日，好盟公司的刘龙等人，已对铁路运输的运输流程有了很深的了解，李琦接下来让他们分别对两种模拟货物（书本类、水果蔬菜类）进行纸箱包装和木箱包装操作，并在操作完成后绘制和粘贴相应的包装标志。

刘龙等人接到任务，开始模拟以上情景，完成包装和绘制标志的工作任务。他们是怎么完成的呢？

任务资讯

一、什么是铁路货物运输包装

铁路货物运输包装（见图3-2-1）是铁路运输公司要求托运人应根据货物的性质、重量、运输种类、运输距离、气候、堆码以及货车装载等条件，使用符合运输要求、便于装卸和保证货物安全的运输包装。它是保证铁路运输安全、提高运输质量的重要基础。

图3-2-1 铁路货物运输包装

货物运输包装（见图3-2-2）应符合国家包装标准或行业包装标准的规定。不符合包装标准时，应由托运人改善后承运。暂无包装标准的，经托运人要求与承运人在保证运输安

全的基础上，可商定包装条件，并签订"试运包装协议"组织试运。对不符合包装标准的货物，不得签注"免责特约"。货物有缺陷，经发站检查认为不致影响运输安全（货物自身安全和其他货物安全）的可在货物运单"托运记载事项"栏内，注明货物的具体情况。

图3-2-2　铁路运输包装图示

货物标记（货签）应使用铁路运输规定的格式，按其规定内容正确填记。标记应牢固粘贴、钉固或拴挂在货件上，大件和笨重货物也可采取直接在货件上书写的方法。

零担货物货签应使用坚韧的材质制作，货签内容、规格必须符合铁路运输统一的格式。每件货物使用2枚货签，分别粘贴、钉固于包装的两端。不宜粘贴或钉固时可使用拴挂的方法。货件上原有的与本批货物无关的旧货签、旧标志，托运人必须将其撤除或抹消。

看一看

打开资源包，阅读文档"小包装，大智慧"，并回答下列问题。

1. 请简述包装对快递的重要性。
2. 结合案例，简述从安全包装、绿色包装到智慧包装。

小贴士

中铁快运的运输策略

近几年，中铁不但在铁路运输方面完善原本的服务，在公路运输部分也在加快建设步伐。现在的中铁经过转型以后，竞争实力比过去大为增强，运输竞争半径在1500km以内没有问题。由于北京中铁发展的主要方向是省际的长途运输，在仓储运送基地，随处可以看见大吨位的厢式货车在停靠盘倒，车辆品牌涉及东风、解放和江淮等。

据统计，货物如果单靠铁路进行运输的话，对物品的完好保存率十分不利，铁路的盘倒次数一般在3~5次，而公路运输一般在1~2次，如果货物的托运距离比较近的话，公路运输的竞争优势十分明显，客户也更倾向于公路运输。

而在运输工具的成本投入上，铁路运输相对来说要比公路运输来得稳定。因为受政府治超行动的影响，政策的变动给公路运输带来了很多不确定的因素。不久前，北京中铁在湖北地区购买了一批崭新的运输车辆准备投放到广州的运输市场，可是当地有关部门却拒绝给这批车辆上牌照。究其原因，原来是车辆的颜色不符合相关的规定（按照广州本市的规定，运输车辆的颜色为白色，而中铁的车辆是绿色的）。

案例分析：

公路运输和铁路运输是运输体系中的两个重要部分，铁路运输具有运价低、稳定、运量大等优点，公路运输具有适用性强、机动灵活、可实现门到门的运输等优点，选择何种运输方式，企业要综合考虑。

思考题：

1.案例中提到铁路运输的缺点和优点各是什么？

2.通过本案例的学习，你有哪些启示？

二、什么是运输包装标志

运输包装标志是指在货物的运输包装明显处书写、印刷一定的图形或文字，以资人们识别或提醒人们操作时注意的标志。

为确保货物运输安全，针对货物性质的不同，货件应有不同要求的图式标志，标志图形必须符合《国家标准——包装货运图示标志》的规定。危险零担货物还须使用危险货物包装标志。

运输包装标志一般分为储运包装图示标志和危险货物包装标志。

1.储运包装图示标志

储运包装图示标志如图3-2-3所示。

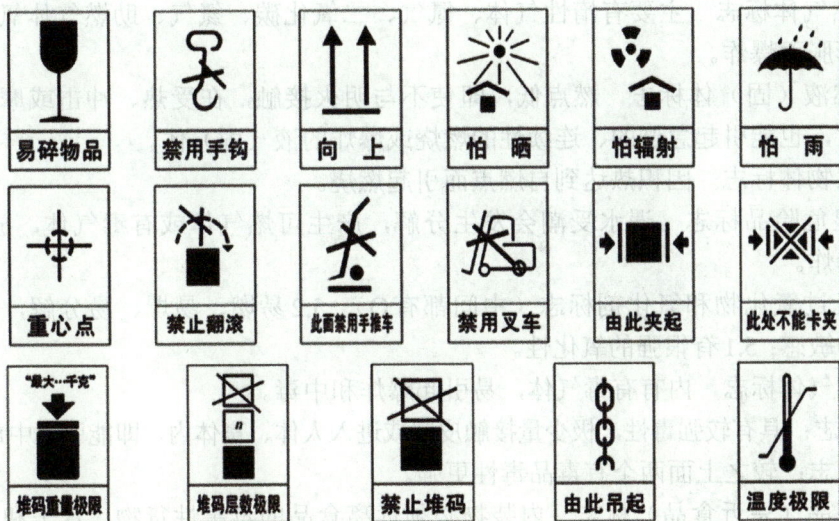

图3-2-3 储运包装图示标志

2. 危险货物包装标志

危险货物包装标志分为九大类：爆炸品类、气体类、易燃液体类、易燃固体类、氧化物类、毒品类、放射性品类、腐蚀品类及杂物类，如图3-2-4所示。

图3-2-4　危险货物包装标志

看一看

　　你知道铁路运输包含哪些危险货物吗？打开资源包，观看"铁路危险货物运输"视频，一起去了解一下。

（1）爆炸品标志

1.1-1.3：有整体爆炸危险的物质和物品。

1.4：不呈现重大危险的物质和物品。

1.5：有整体爆炸危险的非常不敏感物质。

该标志表示勿高热、勿摩擦、勿冲击、勿与其他物质接触。

（2）易燃液体标志　主要有氢气、一氧化碳、甲烷、乙烯等。勿受热、避免冲击。

（3）不燃气体标志　主要有惰性气体、氮气、二氧化碳、氢气、助燃气体氧气。不因受热、冲击膨胀而爆炸。

（4）易燃液（固）体标志　燃点低，即使不与明火接触，在受热、冲击或摩擦以及与氧化剂接触时，也能引起急剧的、连续性的燃烧或爆炸的液（固）体。

（5）自然物体标志　因积热达到自燃点而引起燃烧。

（6）遇湿危险品标志　遇水受潮会发生分解，产生可燃气体或有毒气体，放出热量，引起燃烧或爆炸。

（7）有机过氧化物和氧化剂标志（中间都有O）　5.2易燃、易爆、易分解，对热、摩擦、振动极为敏感；5.1有很强的氧化性。

（8）有毒气体标志　内有有毒气体，易引起爆炸和中毒。

有毒品标志：具有较强毒性，极少量接触皮肤或进入人体、畜体内，即能引起中毒、死亡。

剧毒品标志：较之上面两个有毒品毒性更强。

（9）有害品（忌近食品）标志　内装物必须远离食品的毒害性货物，水平和垂直间隔距离至少3米。

感染性物品标志：内装物有致病微生物。

（10）放射性物品标志　表示内容物能自发地、不断地放出人眼看不见的射线。

（11）腐蚀性物品标志　内容物有较强的腐蚀能力，接触后可引起腐蚀、破坏，甚至引起燃烧、爆炸。

（12）杂类物品标志　表示内装物没有上述危险性。

任务操作

步骤一：完成角色分配

根据货物运输包装相关知识，12人为1小组，角色的划分可参见表3-2-1中内容，根据实际情况进行调整。

表3-2-1　角色划分

参考角色	参考人数
刘龙	1
其他同事	10
李琦	1

步骤二：完成包装工作

1.接收工作任务

刘龙和其他同事一起从李琦处接收任务，并领取模拟货物（见图3-2-5）和包装材料，分析货物属性，准备进行货物的包装工作。

图3-2-5　模拟实物图片

2.包装

分别对两种模拟货物进行纸箱和木箱的包装，包装时注意各包装形式的要求，严格按照要求包装，如图 3-2-6 所示。

图 3-2-6 铁路货物运输的包装

步骤三：绘制、粘贴标志

1. 绘制包装标志

根据货物和货物包装属性，绘制相应的包装标志。

标志的颜色，图示标志的颜色一般为黑色。如果包装件的颜色使图示标志显得不清晰，则可选用其他颜色印刷，也可在印刷面上选用适当的对比色。一般应避免采用红色和橙色。粘贴的标志采用白底印黑色。

标志的标打可采用印刷、粘贴、拴挂、钉附及喷涂等方法；印刷时，外框线及标志名称都要印上；喷涂时，外框线及标志名称可以省略。

2. 粘贴包装标志

将绘制好的包装标志，分别粘贴到包装件上的正确位置处。箱状包装位于包装端面或侧面明显处；袋、捆包装位于包明显处；桶形包装位于桶身或桶盖，如图 3-2-7 所示。

图 3-2-7 铁路货物运输包装贴标志

步骤四：检查包装及标志

最后检查货物的包装是否符合标准，并检查包装标志使用的准确性。

任务评价

姓名			学号			专业	
活动名称		铁路货物运输包装					
考核内容		考核标准	参考分值（100）	学生自评	小组互评	教师评价	考核得分
素养评价	1	具有良好的沟通能力和团队合作精神	10				
	2	能利用网络快速、准确搜集并总结有用信息	10				
知识评价	3	掌握铁路货物基本包装的含义	15				
	4	掌握货物包装基本标志的样式及含义	15				
技能评价	5	掌握铁路货物的包装方法	20				
	6	会绘制包装标志	20				
	7	能够准确、流畅地完成任务	10				
总得分			100				

任务拓展

选取一家知名的物流公司，比如德邦物流，进行实地走访，观察该公司不同货物使用的包装有何不同，并编写调研报告。

调研报告的内容包括：调研心得、包装的种类、包装的用途。

任务三　铁路货物运费核算

任务目标

知识目标

1.掌握铁路货物运费计算的一般程序

2.掌握铁路货物运费的计算公式

技能目标

1.能够灵活运用整车、零担、集装箱运输的计算公式

2.能够计算铁路货物运输的费用

素养目标

1.具有良好的沟通能力和团队合作精神

2.具有一定的安全意识和良好的专业行为规范

3.能利用网络快速、准确搜集并总结有用信息

任务发布

2017年10月15日，好盟公司接到一个将一批有色金属从天津火车站发往哈尔滨南站的订单，总重为56t，其中48t用标重50 t棚车以整车运输，剩余8t以零担运输。主管李琦要求刘龙等人计算此批有色金属的运费。

假如你是刘龙等人该如何计算此次运输的运费呢？

任务资讯

一、铁路货物运价包含哪些种类

1. 按适用范围划分

铁路货物运价按其适用范围可以分为普通运价、特定运价、优待运价、国际联运运价及地方运价等。

（1）普通运价

普通运价是货物运价的基本形式，是在全路办理正式营业的铁路运输线上都适用的统一运价（特定、优待、国际联运及地方运价等除外）。我国现行的整车货物、冷藏车货物、零担货物和集装箱货物运价即属普通运价。无论是普通货物还是按特殊条件运送的货物，都是以此作为计算运费的基本依据。不过，对特殊条件运送的货物在某些情况下会做一些特殊规定。例如，超限货物是特殊条件运送的货物，其运价是按不同超限等级分别在普通货物运价的运价率上加50%或100%计算运费。

（2）特定运价

特定运价是指在一定条件下，运送一定种类货物时规定的运价。它是国家在一定时期内对某些货物临时采取的限制或鼓励手段，是贯彻国家经济政策的一种体现，是普通运价的重要补充。因此，特定运价可以高于或低于普通运价。我国现行"铁路货物运价规则"所规定的特定运价都是低于普通运价的一种运价。如"铁路货物运价规则"中第二号特定运价，就是为了发展我国集装运输，鼓励企业单位多制造集装用具。因此，对企业自备集装用具凭收货人提出的特价运输证明书回送时，其运费整车按4号、零担按23号运价率减成计费。

（3）优待运价

优待运价是对一定机关或企业运输的一切货物或对于不同托运人运送给一定机关或企业的货物而规定的低于普通运价的一种运价。例如，企业自备10t及其以下通用集装箱装运货物按其适用的运价率减20%计费；又如，托运人自备货车或租用铁路货车装运货物用铁路机车牵引或铁路货车装运货物用该托运人机车牵引运输时，按所装货物运价率减20%计费。

（4）国际联运运价

国际联运运价是指经铁路国际联运的货物所规定的运价。它包括过境运输和国内区段运输两部分运价。过境运输运费按《国际货协统一过境运价规程》的规定办理；国内区段运输运费按现行《铁路货物运价规则》的规定办理。

（5）地方运价

地方运价是铁路局经铁道部批准对某些管内支线或地方政府对地方铁路所规定的运价。

2. 按货物运输种类划分

（1）整车货物运价

整车货物运价是对按整车运送的货物所规定的运价。我国铁路整车货物运价规定，按运输距离制定每吨或每轴的费率。

（2）零担货物运价

零担货物运价是对按零担运送的货物所规定的运价。我国铁路零担货物的运价规定按运输距离制定每10 kg的费率。

（3）集装箱货物运价

集装箱货物运价是对按集装箱运送的货物所规定的运价。我国铁路集装箱货物的运价规定按运输距离制定每箱的费率。

我国现行铁路货物运价，采用分号运价制，即将运价设立若干个运价号。整车货物运价为12个号（即1~12号）；冷藏车货物运价按冰冷车和机冷车两类来计算，相当于两个运价号；零担货物运价分为5个号（即21~25号）；集装箱货物按箱型及货物名称计费，但货物只分两大类，因此，也相当于两个运价号。

看一看

打开资源包，阅读文档"铁路货运价格市场调节范围扩大"，并回答下列问题。

1. 哪些货物品类运输价格需要实行市场调节？
2. 结合案例，简述市场调节的内容。

二、计算铁路运费的一般程序

计算铁路运费的一般程序如图3-3-1所示。

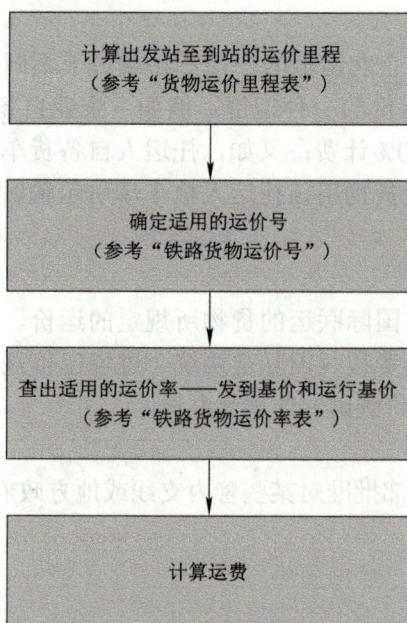

图3-3-1　铁路运费计算程序

计算运费需要考虑一些条件，如果要运输100 t木材，需使用2辆载重60 t的货车，就需要按照所使用车辆的标重120 t计收运费。

三、货物单位重量的运费计算办法

不同铁路运输形式运费和其他费用计算公式分别见表3-3-1和表3-3-2。

表3-3-1　不同铁路运输形式运费计算公式

运输形式	计算公式
整车	整车货物每吨运价＝发到基价＋运行基价×运价公里
零担	零担货物每10kg运价＝发到基价＋运行基价×运价公里
集装箱	集装箱货物每箱运价＝发到基价＋运行基价×运价公里

表3-3-2　其他费用计算公式

其他费用	计算公式
铁路建设基金	铁路建设基金＝基金费率×计费重量（箱数或轴数）×运价里程
新路新价均摊费	新路新价均摊费＝均摊费率×计费重量（箱数或轴数）×运价里程
电气化附加费	电气化附加费＝附加费×计费重量（箱数或轴数）×运价里程

四、货物计费重量的确定

货物计费重量见表3-3-3。

表3-3-3　货物计费重量表

运输形式	计量单位	重量确定	注意事项
整车	t	一般按货车标记的重量作为计费重量，货物重量超过标重时，按货物重量计费 标重不足30 t的家畜车计费重量按30 t计算	
零担	10 kg	不足10 kg进为10 kg 针对轻漂物货物重量与折合重量则按大计费，其中折合物重量＝（300×体积）kg；货物的长宽高的计算单位为m，小数点后取两位数，体积计算单位为m³，保留两位小数，第三位四舍五入	当不同物品的运价率相同时，重量应合并计算。运价率不同的零担货物在同一包装内按一批托运时，按该批货物中运价率高的计费
集装箱	箱	—	

任务操作

步骤一：计算出发站至到站的运价里程

首先，根据相关信息，画出A地到B地的两条路线图，如图3-3-2所示。

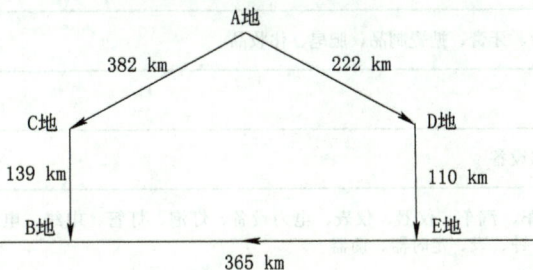

图3-3-2　A地到B地的路线图

可确认里程数为：382+139=521（km）＜222+110+365=697（km），选择最短路径521km。

步骤二：确定适用的运价号

然后，查找常见铁路货物运价号，见表3-3-4。

表3-3-4　铁路货物运价号

货物品名	运价号	
	整车	零担
磷矿石、磷精矿、磷矿粉	1	21
矿渣、铝矾土、砂、石料、砖、水渣、铁矿石、石棉、石膏、草片、石灰石、耐火黏土、金属矿石	2	21
粮食、稻谷、大米、大豆、粮食种子、食用盐、非食用盐、小麦粉、拖拉机、盐卤	2	22
麻袋片、化学农药、籽棉、石棉制品	2	24
活（禽、猪、羊、狗、牛、马）、蜜蜂、养蜂器具	3	22
棉胎、絮棉、旧棉、木棉	3	24
煤炭、焦炭、生铁、木棉	4	21
氧化铝、氢氧化铝、酱腌菜	4	23
鲜冻肉、鲜冻水产品、鲜蔬菜、树苗、烟叶、干蔬菜、电极糊、放射性矿石	4	24
钢锭、钢坯、钢材、钢轨、有色金属、水泥、水泥制品、金属结构及构件	5	22
石制品、玻璃、装饰加工板、胶合板、树脂、塑料、食糖、鲜冻蛋、鲜冻奶、死禽、死畜、死兽、鲜瓜果、奶制品、肉制品、蛋制品、罐头、花卉、油漆、颜料、涂料、橡胶轮胎、调味品、酒、膨化食品、卷烟、纸及纸板、中成药	6	24
金属工具、塑料薄膜、洗衣粉、牙膏、搪瓷制品、肥皂、化妆品	7	24
洗衣机	8	22
电冰箱、电子计算机及其外部设备	8	23
工业机械、医疗器械、自行车、汽车、仪器、仪表、电力设备、灯泡、灯管、电线、电缆、电子管、显像管、磁带、电视机、钟、表、定时器、衡器	8	24
原油、汽油、煤油、柴油、润滑油、润滑脂	8+20%	24
挂运与自行的铁道机车、车辆及轨道机械	9	—

从上表可知有色金属的铁路运价号为整车5号、零担22号。

步骤三：查出适用的运价率（发到基价和运行基价）

查阅铁路货物运价率，见表3-3-5。

表3-3-5　铁路货物运价率

办理类型	运价号	发到基价		运行基价	
		单位	标准	单位	标准
整车	1	元/t	7.10	元/(t·km)	0.0418
	2	元/t	7.80	元/(t·km)	0.0502
	3	元/t	9.80	元/(t·km)	0.0562
	4	元/t	12.20	元/(t·km)	0.0629
	5	元/t	13.40	元/(t·km)	0.0722
	6	元/t	19.60	元/(t·km)	0.0989
	7	—	—	元/(轴·km)	0.3275
	机械冷藏车	元/t	14.70	元/(t·km)	0.0966
零担	21	元/10kg	0.150	元/(10kg·km)	0.00071
	22	元/10kg	0.210	元/(10kg·km)	0.00103
集装箱	20ft箱	元/箱	337.50	元/(箱·km)	1.4000
	40ft箱	元/箱	459.00	元/(箱·km)	1.9040

注：1ft=0.3048 m。

得知整车5号的发到基价为13.40元/t、运行基价为0.0722元/(t·km)，零担22号的发到基价是0.210元/10 kg、运行基价为0.00103元/(10 kg·km)。

步骤四：计算运费

由运费＝整车运费＋零担运费，分析可知：

整车运费＝（发到基价＋运行基价×运价公里）计费重量
　　　　＝(13.40元/t+0.0722元/(t·km)521 km)×50 t
　　　　＝2550.8（元）

零担运费＝（发到基价＋运行基价×运价公里）×计费重量/10
　　　　＝(0.210元/10 kg+0.00103元/(10 kg·km)×521 km)8000/10 kg
　　　　＝597.3（元）

总运费＝2550.8元＋597.3元＝3148.1（元）

即该批纺织品的运费共为3148.1元。

任务评价

姓名			学号			专业	
活动名称			铁路货物运费核算				
考核内容		考核标准		参考分值（100）	学生自评	小组互评	教师评价	考核得分

考核内容		考核标准	参考分值（100）	学生自评	小组互评	教师评价	考核得分
素养评价	1	具有良好的沟通能力和团队合作精神	10				
	2	能利用网络快速、准确搜集并总结有用信息	10				
知识评价	3	掌握铁路货物运费计算的一般程序	15				
	4	掌握铁路货物运费的计算公式	15				
技能评价	5	能够灵活运用整车、零担、集装箱运输的计算公式	20				
	6	能够计算铁路货物运输的费用	20				
	7	能够准确、流畅地完成任务	10				
总得分			100				

任务拓展

现有一批（1200t）原煤需要从山西大同运往南京站，试计算这一批货物的铁路运费。请同学们查询铁道部核发的《铁路货物运价里程表》进行计算。

项目四　水路运输

任务一 海运进出口货物组织

任务目标

知识目标
1.掌握水路货运船舶两种经营方式的概念和特点
2.掌握水路货运船舶的业务内容
3.掌握海运进出口业务流程

技能目标
1.能准确对比班轮运输和租船运输两种经营方式的异同
2.能够处理海运进出口货物常规业务工作

素养目标
1.具有良好的沟通能力和团队合作精神
2.具有一定的安全意识和良好的专业行为规范
3.能利用网络快速、准确搜集并总结有用信息

任务发布

2017年8月10日，好盟公司的刘龙等人已经为客户天津华盛贸易有限公司（以下简称"华盛公司"）早上发来的要运输的货物信息选择好以租船运输方式运输。现在需要组织货物运输，李琦要求刘龙等人根据货物进出口流程，协调装运港和目的港的相关人员完成此次海运工作。

1.货物情况说明：
品名：矿砂，数量：182686 t，合同价值：USD 4759490.12。
2.船舶介绍：
船名：LOWLANDSGLOR，LOA（全长）：289m，BEAM（宽）：45m，DRAT（吃水）：17.8m，舱口：9个。
3.装货情况说明：
装货港：澳大利亚昆士兰（GLADSTONE），装载日期：2017年8月11日，
离港日期：2017年8月15日，到达锚地日：8月28日22点，靠泊日：8月31日14点，
离港日：9月5日凌晨，运行时间：14天。

刘龙等人是如何完成此次海运工作的呢？

任务资讯

一、什么是水路运输

水路运输是以船舶为主要运输工具、以港口或港站为运输基地，以水域包括海洋、河

流和湖泊为运输活动范围的一种运输方式。水路运输有以下4种形式：

1）沿海运输。它是使用船舶通过大陆附近沿海航道运送客货的一种方式，一般使用中、小型船舶。

2）近海运输。它是使用船舶通过大陆邻近国家海上航道运送客货的一种运输形式，视航程可使用中型船舶，也可使用小型船舶。

3）远洋运输。它是使用船舶跨大洋的长途运输形式，主要依靠运量大的大型船舶。

4）内河运输。它是使用船舶在陆地内的江、河、湖、川等水道进行运输的一种方式，主要使用中、小型船舶。

> **看一看**
>
> 　　打开资源包，阅读文档"我国水路货物运输量和港口吞吐量连续多年稳居世界第一"，并回答下列问题。
>
> 　　对于加快海运创新发展，案例中提出了哪些内容？

二、水路货运船舶两种经营方式的概念和特点

1. 班轮运输

班轮运输（见图4-1-1）又称为定期船运输，指按照规定的时间表在一定的航线上，以既定的挂靠港顺序，有规则地从事航线上各港间货物运送的船舶运输。

图4-1-1　班轮运输

（1）班轮运输的特点

1）船舶按照固定的船期表沿着固定的航线和港口来往运输，并以相对固定的运费率收取运费。

2）运价内已包括装卸费用，货物由承运人负责配载装卸，船货双方不计算滞期费和速遣费。

3）船货双方的权利、义务、责任、豁免以船方签发的提单条款为依据，并受统一的国际公约的制约。

4）承运人对货物负责的时段是从货物装上船起，到货物卸下船止，即"船舷至船舷"或"钩至钩"。

（2）班轮运输的作用

1）有利于一般杂货和不足整船的小额贸易货物的运输。班轮只要有舱位，不论数量大小、挂港多少，直运或转运都可接受承运。

2）由于"四固定"的特点，时间有保证，运价固定，为贸易双方洽谈价格和装运条件提供了方便，有利于开展国际贸易。

3）班轮运输长期在固定航线上航行，有固定设备和人员，能够提供专门的、优质的服务。

4）由于事先公布船期、运价费率，有利于贸易双方达成交易，减少磋商内容。

5）手续简单，货主方便。由于承运人负责装卸和理舱，托运人只要把货物交给承运人即可，省心省力。

2. 租船运输

租船运输（见图4-1-2）又称为不定期船运输，是相对于定期船运输即班轮运输而言的另一种国际航运经营方式。由于这种经营方式需在市场上寻求机会，没有固定的航线和挂靠港口，也没有预先制订的船期表和费率本，船舶经营人与需要船舶运力的租船人是通过洽谈运输条件、签订租船合同来安排运输的，故称之为租船运输。

图4-1-2 租船运输

（1）租船运输的特点

1）租船运输的营运组织取决于各种租船合同。

2）租船运输的运费或租金水平高低直接受租船合同签订时的航运市场行情波动影响。

3）租船运输中的有关船舶营运费用及开支，取决于不同的租船方式，由船舶所有人和船舶承租人分担，并在租船合同中声明。

4）不定航线，不定租期。

5）租船运输主要服务于专门的货运市场，承运大宗类货物，一般都是整船装运。

6）各种租船合同均有相应的标准合同格式。

（2）租船运输的种类

租船运输的种类见表4-1-1。

表4-1-1　租船运输的种类

类别	概述
航次租船	航次租船又称为定程租船，是以航程为基础的租船方式。在这种租船方式下，船方必须按租船合同规定的航程完成货物运输服务，并负责船舶的经营管理以及船舶在航行中的一切费用，租船人按约定支付运费。航次租船的合同中规定装卸期限或装卸率，并计算滞期费和速遣费
定期租船	定期租船是船舶所有人将特定的船舶，按照租船合同的约定，在约定时间内租给承运人使用的一种租船运输方式
光船租船	光船租船又称船壳租船，在租期内，船舶所有人只提供一艘空船给承运人，除了收取租金外，对船舶和其经营不再承担任何责任和费用
包运租船	包运租船是船舶所有人向承运人提供一定吨位的运力，在确定的港口之间，按事先约定的时间、航次周期和每航次较为均等的运量，完成合同规定全部货运量的一种租船方式

三、水路货运船舶的经营方式和业务内容

班轮运输业务包括揽货、订舱、装船、卸货和交付货物5个方面，具体流程如图4-1-3所示。

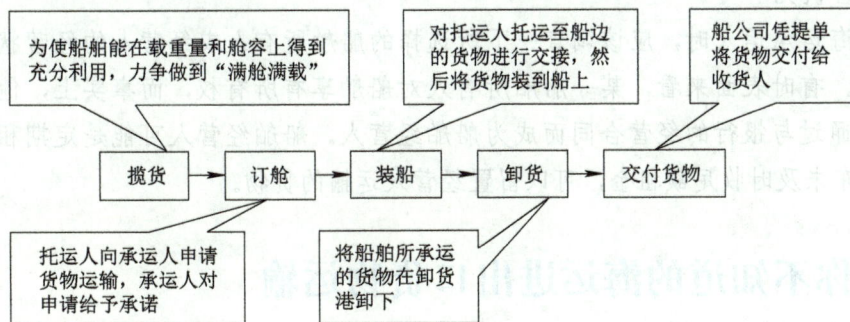

图4-1-3　班轮运输业务流程

租船运输业务主要包括询盘、报盘、还盘、接受和签订租船合同等5个环节，具体流程如图4-1-4所示。

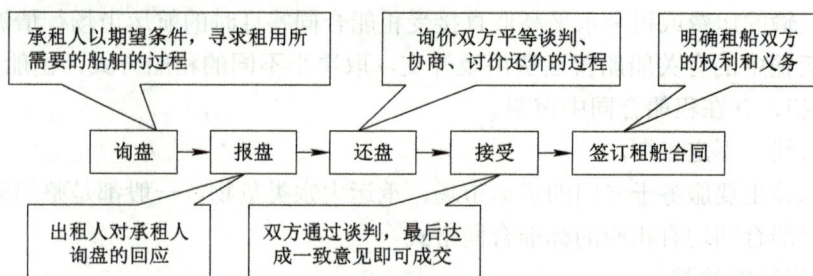

图4-1-4 租船运输业务流程

小贴士

在选择海运承运人时，应考虑的因素

（1）运输服务的定期性

若货物需要以固定的间隔时间运输出去，则选择挂靠固定港口、使用固定费率、严格按船期表航行的班轮运输。

（2）运输速度

当托运人为了满足某种货物在规定日期内运到的需求时，就应该更加考虑运输速度的问题。这时，只要能满足运输速度方面的要求，一般不会过多考虑费用高低的问题。

（3）运输费用

当运输的定期性和速度不是托运人考虑的主要因素时，运输费用的高低就会成为需要考虑的最重要的因素。

（4）运输的可靠性

这是选择承运人时所需要考虑的又一重要因素。在选择一家船公司之前，独立地考察一下它的实力和信誉是可取的做法，这会减少海事欺诈等问题的发生。

（5）经营状况

在选择海运承运人时，应该调查一下所选择的船舶所有人或经营人的经营状况及所要承担的责任。有时表面来看，某一船舶所有人对船舶享有所有权，而事实上，他将船舶抵押给银行并通过与银行的经营合同而成为船舶经营人。船舶经营人可能是定期租船人，按照租约，船东未及时收足额租金，可以留置经营人运输的货物。

四、你不知道的海运进出口货物运输

1. 海运进口业务

海运进口业务是指根据贸易合同中有关运输条件，将向国外的订货加以组织，通过海运方式运进国内的一种业务。海运进口货物运输流程如图4-1-5所示。

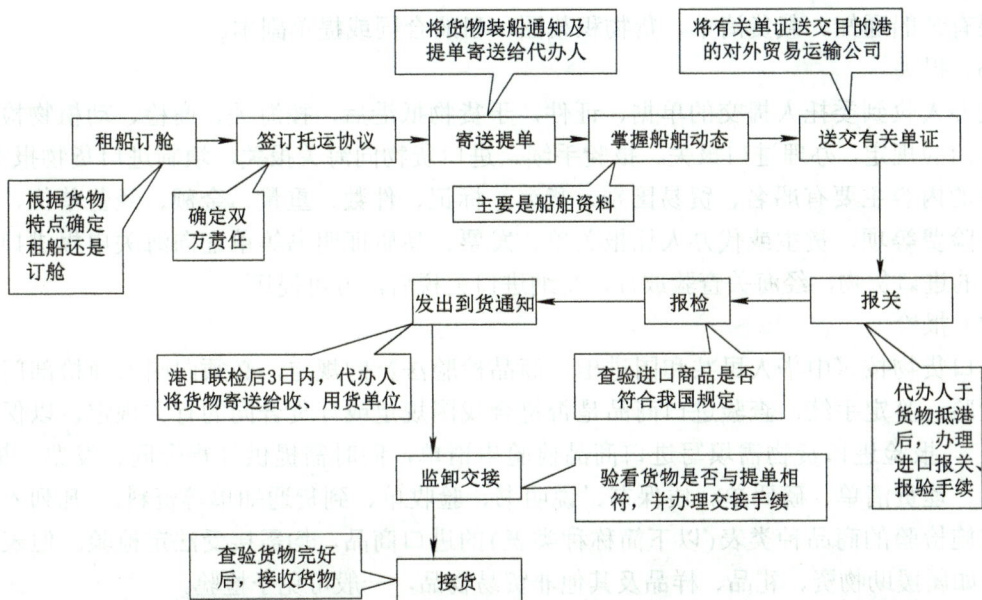

图4-1-5　海运进口货物运输流程

海运进口货物运输工作，具体包括以下一些环节。

（1）租船订舱

根据贸易合同的规定，负责货物运输的一方要根据货物的性质和数量决定租船或订舱。不论租船或订舱，均需办理租船或订舱手续，一般均委托代理公司代为办理。在办理委托时，委托人需填写进口租船订舱联系单，提出具体的要求。

（2）签订托运协议

委托人向代办人（对外贸易运输公司）提出代办海运进口货物国内港口交接和国内代运业务，双方签订《海运进口货物国内代运委托协议书》作为交接、代运工作中双方责任划分的依据。

（3）寄送提单

委托人收到国外发货人发出的货物装船通知后，立即转告代办人。同时，国外发货人按贸易合同确定的交货地向货运目的港或港口所在地的对外贸易运输公司发送货物装船通知及提单。

（4）掌握船舶动态

船舶动态主要包括船名、船籍、船舶性质、装卸港顺序、预抵港日期、船舶吃水和该船所载货物的名称数量等方面的信息。船舶动态信息来源可获自各船公司提供的船期表、国外发货人寄来的装船通知、单证资料、发货电报以及有关单位编制的进口船舶动态资料等。

（5）送交有关单证

委托人通过结汇银行对外付汇、赎单后，在货物到港之前，按代办人的要求，将代运协议中提及的一切有关单证送交目的港的对外贸易运输公司。委托人凭正本提单向承运人或承运人的代理换取提货单。进口货物运输单证一般包括商务单证和船务单证两类。商务单证有贸易合同正本或副本、发票、提单、装箱单、品质证明书和保险单等。船务单证主要有装船通知、载货清单、货物积载图、租船合同或提单副本。

（6）报关

代办人收到委托人提交的单据、证件，于货物抵港后，按海关、商检、动植物检疫等有关部门的规定，办理进口报关、报验手续。进口货物向海关报关，填制进口货物报关单。报关单的内容主要有船名、贸易国别、货名、标记、件数、重量、金额、经营单位、运杂费和保险费等项，货主或代办人凭报关单、发票、品质证明书等单证向海关申报进口。办理报关的进口货物，经海关查验放行，交纳进口关税后，方可提运。

（7）报检

进口货物按《中华人民共和国进出口商品检验法》的规定，必须向国家商检部门申请办理检验、鉴定手续，查验进口商品是否符合我国规定或订货合同的有关规定，以保护买方利益。报验进口货物需填写进口商品检验申请单，同时需提供订货合同、发票、提单、装箱单、理货清单、磅码单、质保书、说明书、验收单、到货通知单等资料。凡列入商检机构实施检验的商品种类表（以下简称种类表）的进口商品，均需接受法定检验。但表内所列商品如属援助物资、礼品、样品及其他非贸易物品，一般可免予检验。

（8）发出到货通知

在进口货物船舶抵达国内港口联检后3日内，代办人港口机构填制海运进口货物到货通知书，寄送给委托人或由委托人指明的收、用货单位。委托人或收、用货单位收到到货通知书后，对该通知书逐项核对，如发现内容有误，用电报通知代办人港口机构纠正。如属于同一张提单内货物需要分运几个地点，则须告知代办人港口机构，由代办人港口机构根据港口条件酌情受理。

（9）监卸交接

1）一般由船方申请理货，负责把进口货物按提单、标记点清件数，验看包装情况，分清后拨交收货人。监卸人一般是收货人的代办人。监卸人员与理货人员密切配合，把好货物数量和质量关，要求港方卸货人员按票卸货，严禁不正常操作和混卸。

2）已卸存库场的货物，应按提单、标记分别码垛、堆放。

3）对于船边提货和危险品货物，根据卸货进度及时与车、船方面人员联系，做好衔接工作，防止卸货与拨运工作脱节而产生等车卸货或车到等货的现象。

4）对于超限重大件货物应事先提供正确的尺码和数量，以便准备接运车驳，加速运输进度。

5）货物卸货后，检查有无漏卸情况，在卸货中如发现短损，应及时向船方或港方办理有效签证，并共同做好验残工作。

6）验卸时要注意查清以下内容：货物内的包装的残损和异状；货物损失的具体数量、重量和程度以及受损货物或短少货物的型号和规格；判断致残、短、少的原因。

（10）接货

代办人港口机构收到委托人或收、用货部门对到货通知的反馈后，根据委托人的授权代办加保手续和选择运输方式。在货物由港口发运后，另以承运部门的提货通知（运单）或发货通知书，通知委托人或收、用货单位据以收货。代运货物到达最终目的地时，收、用货单位与承运部门办理交接，查验铅封是否完好，外观有无异状，件数是否相符，是否发生残、短。如发现残、短，收、用货单位需及时向承运部门取得商务记录，于货到10日内，交代办人向承运部门、保险公司或责任方办理索赔。如发现国外错装或代办人错发、错运、溢发，收、用货单位须立即采取措施，妥善保管货物，并及时通知代办人。

2. 海运出口业务

海运出口业务是根据贸易合同有关运输条件，把授予国外客户的出口货物加以组织和安排，通过海运方式运到国外目的港的一种业务。其流程如图4-1-6所示。

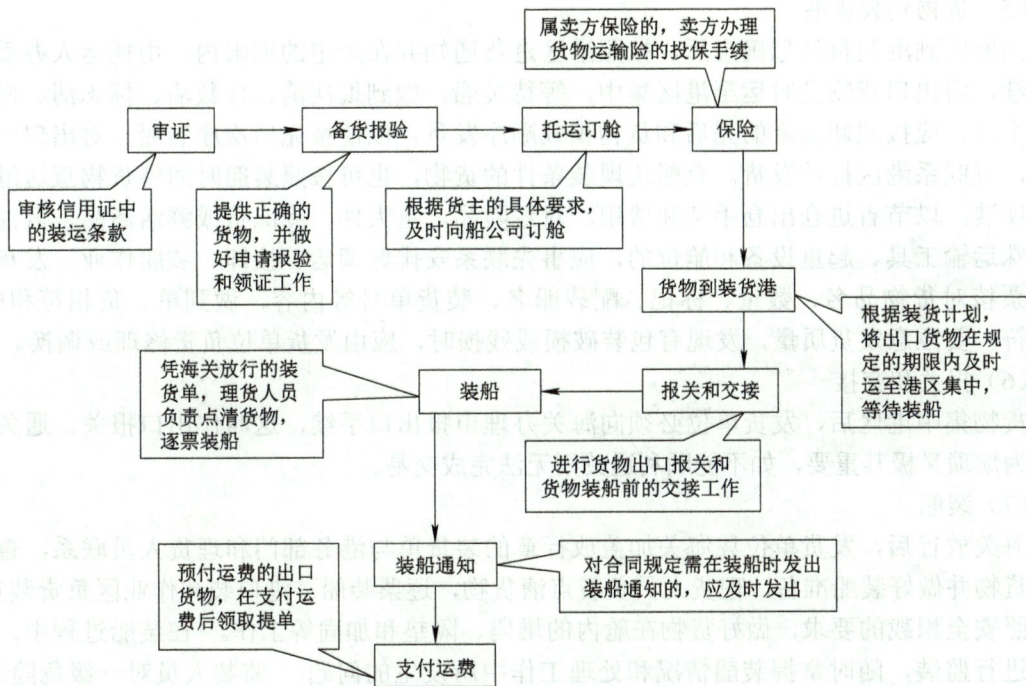

图4-1-6　海运出口货物运输流程

凡以CIF（成本＋保险费＋运费）、CFR（成本＋运费）条件成交的出口货物，要由卖方安排运输，其主要环节如下。

（1）审证

审核信用证中的装运条款：为使出运工作顺利进行，在收到信用证后，必须审核证中有关的装运条款，如装运期、结汇期、装运港、目的港，是否能转运或分批装运以及是否指定船公司、船名、船籍和船级等；有的来证要求提供各种证明，如航线证明书、船籍证等，对这些条款和规定，应根据我国政策、国际惯例、要求是否合理和是否能办到等来考虑接受或提出修改要求。

（2）备货报验

备货就是根据出口成交合同及信用证中有关货物的品种、规格、数量、包装等的规定，按时、按质、按量地准备好应交的出口货物，并做好申请报验和领证工作。冷藏货要做好降温工作，以保证装船时符合规定温度要求。

（3）托运订舱

编制出口托运单，即可向货运代理办理委托订舱手续。货运代理根据货主的具体要求按航线分类整理后，及时向船公司或其代理订舱。货主也可直接向船公司或其代理订舱。当船公司或其代理签出装货单后，订舱工作即告完成，也就意味着托运人和承运人之间的运输合同已经缔结。

（4）保险

货物订妥舱位后，属卖方保险的，即可办理货物运输险的投保手续。保险金额通常是以发票的 CIF 价加成投保（加成数根据买卖双方约定，如未约定，则一般加 10% 投保）。

（5）货物到装货港

当船舶到港装货计划确定后，按照港区进货通知并在规定的期限内，由托运人办妥集运手续，将出口货物及时运至港区集中，等待装船，做到批次清、件数清、标志清。向港区集中时，应按照卸货港的先后和货物积载顺序发货，以便按先后次序装船。对出口大宗货物，可联系港区提前发货。有船边现装条件的货物，也可按照装船时间将货物直送港区船边现装，以节省进仓出仓手续和费用。对危险品、重大件、冷冻货或鲜活商品、散油等需特殊运输工具、起重设备和舱位的，应事先联系安排好调运、接卸、装船作业。发货前要按票核对货物品名、数量、标记、配载船名、装货单号等内容，做到单、货相符和船、货相符。要注意发货质量，发现有包装破损或残损时，应由发货单位负责修理或调换。

（6）报关和交接

货物集中港区后，发货单位必须向海关办理申报出口手续，这叫作出口报关。通关手续极为烦琐又极其重要，如不能顺利通关则无法完成交易。

（7）装船

海关放行后，发货单位凭海关加盖放行章的装货单与港务部门和理货人员联系，查看现场货物并做好装船准备，理货人员负责点清货物，逐票装船。港口装卸作业区负责装货，并按照安全积载的要求，做好货物在舱内的堆码、隔垫和加固等工作。在装船过程中，要派人进行监装，随时掌握装船情况和处理工作中所发生的问题。监装人员对一级危险品、重大件、贵重品、特种商品和驳船来货的装卸操作，要随时掌握情况，防止接卸和装船脱节。装船完毕，应将大副签发的收货单交原发货单位，凭以调换已装船提单。

（8）装船通知

对合同规定需在装船时发出装船通知的，应及时发出，特别是由买方自办保险的，如因卖方延迟或没有发出装船通知，致使买方不能及时或没有投保而造成损失，卖方应承担责任。

（9）支付运费

船公司为正确核收运费，会在出口货物集中港区仓库或库场后申请商检机构对其衡量。凡需预付运费的出口货物，船公司或其代理人必须在收取运费后发给托运人运费预付的提单。如属到付运费货物，则在提单上注明运费到付，由船公司卸港代理在收货人提货前向收货人收取。

■ 任务操作

步骤一：明确任务、分配角色

角色的划分可参见表4-1-2中内容，可根据实际情况进行调整。

表4-1-2 角色划分

参考角色	参考人数
客服人员	1
委托人	1
发货人	1
代办人	1
船方	1
监卸人员	1
理货人员	1
卸货人员	1
收货人	1

步骤二：画出海运的流程图

根据货物信息，可知此次要运输的是从澳大利亚进口的矿砂，流程如图4-1-7所示。

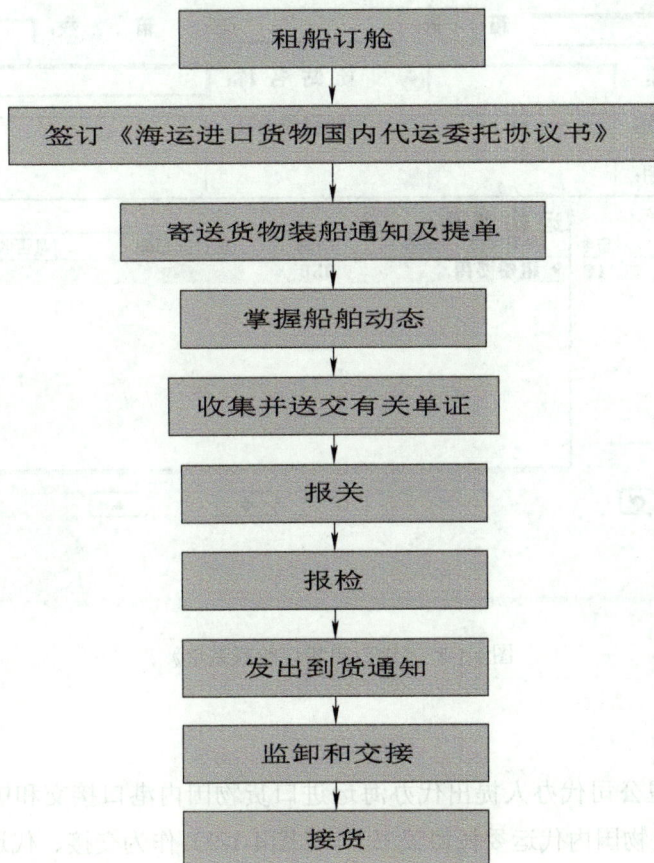

租船订舱

签订《海运进口货物国内代运委托协议书》

寄送货物装船通知及提单

掌握船舶动态

收集并送交有关单证

报关

报检

发出到货通知

监卸和交接

接货

图4-1-7 海运进口货物运输流程

步骤三：组织进口货物运输

1. 租船订舱

华盛公司委托好盟公司办理货物进口运输业务，根据贸易合同的规定，好盟公司要根据货物的性质和数量决定租船或订舱。不论租船还是订舱，均需办理租船或订舱手续。在办理委托时，委托人需填写《进口租船订舱联系单》，提出具体的要求，如图4-1-8所示。

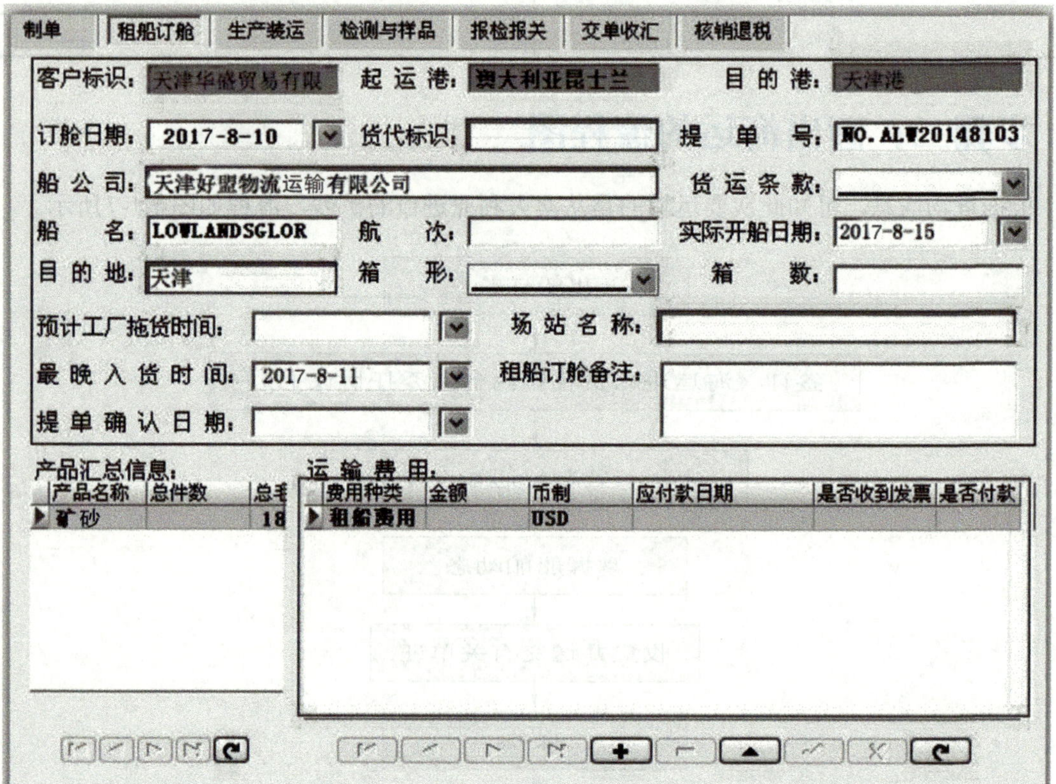

图4-1-8 《进口租船订舱联系单》

2. 签订托运协议

华盛公司向好盟公司代办人提出代办海运进口货物国内港口接交和国内代运业务，双方签订《海运进口货物国内代运委托协议书》（见图4-1-9）作为交接、代运工作中双方责任划分的依据。

国 际 货 物 托 运 书
SHIPPER'S LETTER OF INSTRUCTION

始发站 Airport of Departure		到达站 Airport of Destination	
托运人姓名及地址 Shipper's Name & Address		运费 Charges	
		运费预付 P.P.	
		运费到付 C.C.	
收货人姓名及地址 Consignee's Name & Address		托运人声明价值 Shipper's Declared Value	
		保险金额 Amount of Insurance	
通知方 Notify Party		随附文件 Documents to Accompany Air Waybill	

标记及号码 Marks & Number	货物名称 Description of Goods	件 数 Number of Package	毛 重 Gross Weight	净 重 Net Weight	体 积 Dimension
备注 Remarks					

注意：1.托运人请证实以上所填全部属实并遵守承运人的一切运载章程。
　　　2.地址请用英语填写。
　　　3.货名请用中英文填写。

托运人　　　　　　　　　　　　　　　　　　　日期

图4-1-9　《海运进口货物国内代运委托协议书》样单

3. 寄送提单

华盛公司收到国外发货人发出的货物装船通知后，立即转告好盟公司代办人。同时，国外发货人按贸易合同确定的交货地向好盟公司客服发送货物装船通知及提单。

4. 掌握船舶动态

船舶动态主要包括船名、船籍、船舶性质、装卸港顺序、预抵港日期、船舶吃水和该船所载货物的名称、数量等方面的信息，如图4-1-10所示。

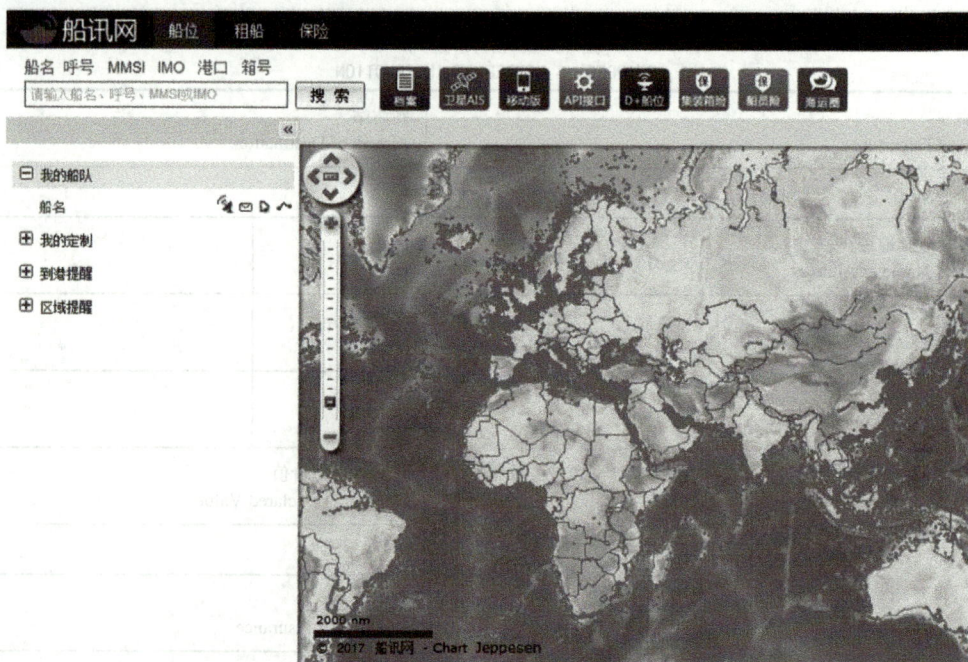

图4-1-10　船舶动态查询

船舶动态信息来源可获自各船公司提供的船期表、国外发货人寄来的装船通知、单证资料、发货电报以及有关单位编制的进口船舶动态等。

5. 送交有关单证

华盛公司通过结汇银行对外付汇、赎单后，在货物到港之前，将代运协议中提及的一切有关单证送交至好盟公司，凭正本提单向好盟公司的代理换取提货单。

6. 报关

好盟公司的代办人收到提交的单据、证件，于货物抵港后，按海关、商检等有关部门的规定，办理进口报关、报验手续，如图4-1-11所示。

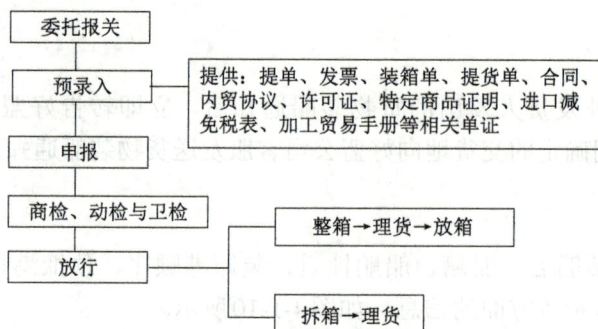

图4-1-11　进口报关的流程

小贴士

无纸化通关

通关作业无纸化是指海关以企业分类管理和风险分析为基础，按照风险等级对进出口货物实施分类，运用信息化技术改变海关验核进出口企业递交纸质报关单及随附单证办理通关手续的做法，直接对企业通过中国电子口岸录入申报的报关单及随附单证的电子数据进行无纸审核、验放处理的通关作业方式，如图4-1-12所示。

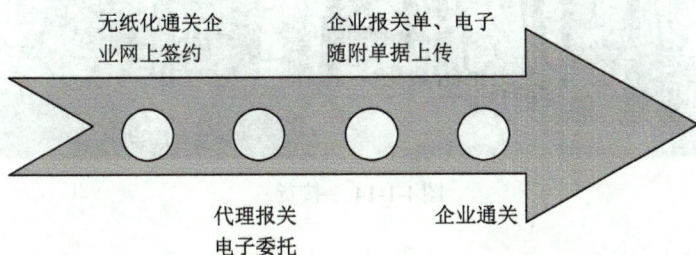

图4-1-12　无纸化通关流程

7. 报检

对进口商品进行查验，看是否符合我国相关规定，如图4-1-13所示。

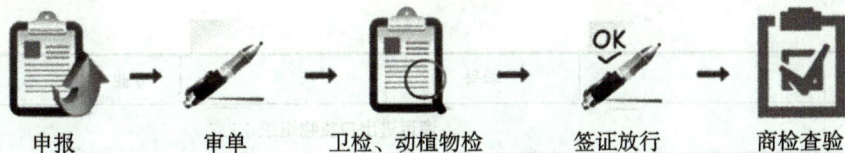

图4-1-13　进口报检流程

8. 发出到货通知

在进口货物船舶抵达国内港口联检后3日内，好盟公司的代办人港口机构填制海运进口货物到货通知书，寄送给收、用货单位。收、用货单位收到到货通知书后，对该通知书逐项核对，如发现内容有误，及时通知代办人港口机构纠正。

9. 监卸和交接

监卸人员（一般是收货人的代办人）与理货人员密切配合，把好货物数量和质量关，要求港方卸货人员按票卸货，严禁不正常操作和混卸。

10. 接货

查验货物完好后，接收货物，如图4-1-14所示。

图4-1-14　接货

步骤四：检查评估

检查整个海运作业流程的流畅性和准确性，并进行任务结果的评估。

任务评价

姓名			学号			专业		
活动名称		海运进出口货物组织						
考核内容		考核标准	参考分值（100）	学生自评	小组互评	教师评价	考核得分	
素养评价	1	具有良好的沟通能力和团队合作精神	10					
	2	能利用网络快速、准确搜集并总结有用信息	10					
知识评价	3	掌握水路货运船舶两种经营方式的概念和特点	10					
	4	掌握水路货运船舶的业务内容	10					
	5	掌握海运进出口业务流程	10					
技能评价	6	能准确对比班轮运输和租船运输两种经营方式的异同	20					
	7	能够处理海运进出口货物常规业务工作	20					
	8	能够准确、流畅地完成任务	10					
总得分			100					

任务拓展

在教师的组织下，以小组为单位，结合本地的社会经济发展情况、交通运输情况、物流发展情况，讨论一下本地发展水路运输的有利条件和不利条件。在组织讨论前，学生先要进行一些调查研究，收集一些相关资料，最终每小组以PPT的形式进行汇报。

任务二　水路货物运费核算

任务目标

知识目标
1.掌握水路货物运单的填写内容
2.掌握班轮运输费用的构成项目和计算方法
3.了解不定期船费用或租金的构成项目和计算方法

技能目标
1.能根据水路运价的种类准确地判断货物运价类型
2.能计算简单的班轮运费

素养目标
1.具有良好的沟通能力和团队合作精神
2.具有一定的安全意识和良好的专业行为规范
3.能利用网络快速、准确搜集并总结有用信息

任务发布

2017年11月12日，刘龙等人已经掌握了水路运输的组织，李琦觉得只要再学会计算水路运费，刘龙等人就基本掌握水路运输方面的知识了。所以，他将客户天津五金制造厂的运输信息交给刘龙等人：天津运往肯尼亚蒙巴萨港口"门锁"（小五金）一批，计100箱。每箱体积为20 cm×30 cm×40 cm，每箱重量为25kg。当时燃油附加费为40%。蒙巴萨港口拥挤附加费为10%。要求查阅相关资料，计算天津运往肯尼亚蒙巴萨港的应付运费。

刘龙等人是怎么计算的呢？

任务资讯

一、什么是水路货物运单

水路货物运单主要适用于江、海干线和跨省运输的水路货物运输。发货人在托运货物时，应按承运人的要求填写货物托运单，以此作为货物托运的书面申请。货物托运单是发

货人托运货物的原始依据，也是承运人承运货物的原始凭证。

二、水路货物运单

水路货物运单样本如图4-2-1所示。

船名航次	起运港			到达港			到达日期 承运人章		收货人 （章）		
托运人	全称		收货人	全称							
	地址、电话			地址、电话							
	银行、账号			银行、账号							
发货单号	货号	件数	包装	价值	托运人确定		计费重量		等级	费率	金额	应收费用		
					重量（t）	体积（长、宽、高）（m）	重量（t）	体积（m³）				项目	费率	金额
												运费		
												装船费		
合计														
运到期限（或约定）							托运人 （公章）　月　日		总计		
									核算员		
物约事项							承运日期起运港承运人章		复核员		

图4-2-1　水路货物运单样本

三、水路货运单包含哪些内容

《货运物流实用手册》中指出水路货物运单应具备下列内容：

1）货物名称。

2）重量、件数，按体积计费的货物应载明体积。

3）包装。

4）运输标志。

5）起运港和到达港，海江河联运货物应载明换装港。

6）托运人、收货人名称及其详细地址。

7）运费、港口费和有关的其他费用及其结算方式。

8）承运日期。

9）运到期限（规定期限或商定期限）。

10）货物价值。

11）双方商定的其他事项。

看一看

打开资源包，阅读文档"何建华:《国内水路货物运输规则》废除后对承运人责任的影响"，并回答下列问题。

1. 简述《国内水路货物运输规则》下承运人责任包括哪些内容。

2. 简述《国内水路货物运输规则》废除后承运人的应对建议。

四、如何计算班轮运费

1. 运费的构成

班轮运费包括基本运费和附加费两部分，前者是指货物从装运港到卸货港所应收取的基本运费，它是构成全程运费的主要部分；后者是指对一些需要特殊处理货物，或者突然事件的发生或客观情况变化等原因而需另外加收的费用。

2. 运费计收标准

在班轮运价表中，根据不同的商品，班轮运费的计算标准通常采用下列几种，见表4-2-1。

表4-2-1　班轮运费的计算标准

计算标准	运价表表示	内容
按货物毛重	—	
（重量吨计收）	W	按此计算的基本运费等于计重货物的运费吨乘以运费率
按货物的体积	—	
（尺码吨计收）	M	按此法计算的基本运费等于容积货物的运费吨乘以运费率
按毛重或体积计收	W/M	由船公司选择其中收费较高的作为计费吨
按货物价格计收	A·V	从价运费一般按货物的离岸价格（FOB）的一定百分比收取。按此法计算的基本运费等于货物的离岸价格乘以从价费率，一般为1%～5%
在货物重量、尺码或价值三者中选择最高的一种计收	W/M or ad val	—
按货物重量或尺码最高者，再加上从价运费计收	W/M plus ad val	—
按每件货物作为一个计费单位收费	—	如活牲畜按每头，车辆按每辆收费
临时议定价格	open	由货主和船公司临时协商议定。此类货物通常是低价的货物或特大型的机器等

3. 附加费

在班轮运输中，常见的附加费见表4-2-2。

表4-2-2　常见附加费

附加费	内　容
超重附加费	单件货物重量超过一定限度而加收的费用
超长附加费	单件货物长度超过规定长度而加收的费用
选卸附加费	指装货时尚不能确定卸货港，要求在预先提出的两个或两个以上港口中选择一港卸货，船方因此而加收的附加费
转船附加费	凡运往非基本港的货物，需转船运往目的港，船舶所收取的附加费，其中包括转船费（包括换装费、仓储费）和二程运费
直航附加费	运往非基本港的货物达到一定的数量，船公司可安排直航该港而不转船时所加收的附加费
港口拥挤附加费	指船舶需要进入港口条件较差、装卸效率较低或港口船舶费用较高的港口及其他原因而向货方增收的附加费
港口拥挤附加费	有些港口由于拥挤，致使船舶停泊时间增加而加收的附加费。该项附加费随港口条件改善或恶化而变化
燃油附加费	指因燃油价格上涨而加收一绝对数或按基本运价的一定百分数加收的附加费
货币贬值附加费	在货币贬值时，船方为保持其实际收入不致减少，按基本运价的一定百分数加收的附加费
绕航附加费	指因战争、运河关闭、航道阻塞等原因造成正常航道受阻，必须临时绕航才能将货物送达目的港需增加的附加费

4. 计算方法

（1）具体计算方法

先根据货物的英文名称，从货物分级表中查出有关货物的计算等级及其计算标准；然后再从航线费率表中查出有关货物的基本费率，最后加上各项需支付的附加费率，所得的总和就是有关货物的单位运费（每重量吨或每尺码吨的运费），再乘以计费重量吨或尺码吨，即得该批货物的运费总额。如果是从价运费，则按规定的百分率乘离岸价格即可。

（2）计算公式

具体计算公式为：

$$F=F_b+\Sigma S$$

在公式中，F表示运费总额；F_b表示基本运费；S表示某一项附加费。基本运费是所运货物的数量（重量或体积）与规定的基本费率的乘积。即：

$$F_b=f\,Q$$

在公式中，f表示基本费率；Q表示货运量（运费吨）。

附加费是指各项附加费的总和。在多数情况下，附加费按基本运费的一定百分比计算，其公式为：

$$\Sigma S=（S_1+S_2+\cdots+S_n）\times F_b=（S_1+S_2+...+S_n）\times f\times Q$$

其中S_1、S_2……S_n为各项附加费，用F_b的百分数表示。

五、如何计算不定期船运费或租金?

不定期船运费或租金的计算方法见表4-2-3。

表4-2-3　不定期船运费或租金的计算方法

	不定期船运费计算	不定期船租金计算	程租船运费计算
计算方法	运费等于船舶(或某舱)的承载能力乘以合同所定的运费率	租金等于每载重吨每日租金率乘以船舶夏季总载重量再乘以合同租期	程租船费用主要包括程租船运费和装卸费,另外还有速遣费、滞期费等程租船运费,指货物从装运港至目的港的海上基本运费。计算方法有两种:①按运费率;②整船包价

小贴士

注意:装卸时间、滞期费和速遣费一定是在程租船的运输方式下才采用的,在班轮运输方式下,不需要这三方面的规定;负责运输的进出口商与船方订立租船合同时,必须注意租船合同与进出口合同有关装运时间的一致性。

任务操作

步骤一:查阅货物分级表

门锁属于小五金类,其计收标准为W/M,等级为10级。

步骤二:计算货物的体积和重量

100箱的体积为:(20 cm×30 cm×40 cm)×100=2.4(m³)。

100箱的重量为:25kg×100箱=2500(kg)。

2500 kg=2.5 t

由于2.4m³的计费吨小于2.5 t,因此计收标准为2.5 t。

步骤三:查阅"中国—东非航线等级费率表"

"中国—东非航线等级费率表"见表4-2-4。

表4-2-4　中国—东非航线等级费率表

货名	计算标准	等级	费率/港元
农业机械	W/M	9	404.00
棉布及纺织品	M	10	443.00
小五金及工具	W/M	10	443.00
玩具	M	20	1120.00

基本港口:路易港(毛里求斯)、达累斯萨拉姆(坦桑尼亚)、蒙巴萨(肯尼亚)等

查阅表4-2-4，得知小五金的等级为10级，费率为443港元，则基本运费为：443×2.5=1107.5（港元）。

步骤四：计算附加运费

附加运费为：1107.5×（40%+10%）=553.75（港元）

综上可知：从天津运往肯尼亚蒙巴萨港100箱门锁，其应付运费为1107.5+553.75=1661.25（港元）

任务评价

姓名			学号			专业		
活动名称			水路货物运费核算					
考核内容		考核标准		参考分值（100）	学生自评	小组互评	教师评价	考核得分
素养评价	1	具有良好的沟通能力和团队合作精神		10				
	2	能利用网络快速、准确搜集并总结有用信息		10				
知识评价	3	掌握水路货物运单的填写内容		10				
	4	掌握班轮运输费用的构成项目和计算方法		10				
	5	了解不定期船费用或租金的构成项目和计算方法		10				
技能评价	6	能根据水路运价的种类准确地判断货物运价类型		20				
	7	能计算简单的班轮运费		20				
	8	能够准确、流畅地完成任务		10				
总得分				100				

任务拓展

选取一家知名的物流公司，进行实地走访，观察该公司水路货物运输的技术装备和设施，并编写调研报告。

调研报告的内容包括调研心得、技术装备和设施。

项目五　航空运输

任务一　航空货物运输组织

任务目标

知识目标

1. 掌握航空运输的营运方式
2. 掌握航空货运的组织方法
3. 掌握航空货物运输的工作流程

技能目标

1. 能根据空运货物的种类选择营运方式和组织方式
2. 能根据航空货运流程展开具体的工作流程

素养目标

1. 具有良好的沟通能力和团队合作精神
2. 具有一定的安全意识和良好的专业行为规范
3. 能利用网络快速、准确搜集并总结有用信息

任务发布

2017年11月18日，好盟公司的刘龙等人已经熟悉了航空货运的组织方法，李琦将从天津丝美贸易有限公司发来的一份运单交给他们，运输信息如下：品名：纺织品，数量：10箱，价值：10 000美元，从天津发往纽约。该批货物的运输任务需要他们负责受理、协调完成。

刘龙等人接到此任务，该如何展开工作呢？

任务资讯

一、航空运输包含哪些营运方式和组织方式

航空运输的营运方式和组织方式见表5-1-1和表5-1-2。

表5-1-1　航空运输的营运方式

	概念	特点
班机运输	在固定的航线上定期航行的航班，即有固定始发站、目的站和途经站的飞机运输	迅速安全，方便货主，舱位有限
包机运输	包机人为一定的目的包用航空公司的飞机运载货物的形式。包机运输可分为整架包机和部分包机	解决班机仓位不足的矛盾，适用于大宗货物运输，费率低于班机，但运送时间则比班机要长些

表5-1-2 航空货运的组织方式

	集中托运	航空快递
概念	航空货运代理公司把若干批单独发运的、发往同一方向的货物集中起来，组成一票货，向航空公司办理托运，采用一份总运单集中发运到同一站，由航空货运代理公司在目的地指定的代理人收货、报关并分拨给各实际收货人的运输方式。这种托运方式，货主可以得到较低的运价，使用比较普遍，是航空货运代理的主要业务之一	由一个专门经营该项业务的公司和航空公司合作，通常为航空货运代理公司或航空速递公司派专人以最快的速度在货主、机场和用户之间运送和交接货物的快速运输方式。该项业务是两个空运代理公司之间通过航空公司进行的，是最便捷的一种运输方式
特点	节省运费；提供方便；提早结汇；只适用于普通货物；目的地相同或临近的可以办理	主要以运送商务文件、资料、小件样品和小件货物为主；中间环节少，速度快于普通航空货运；使用比普通空运分运单应用更广泛的交付凭证（POD）；办理快递业务的大都是国际性的跨国公司
主要形式	班机或包机运输方式	包括场到场、门到门、快递公司派人随机送货三种快递服务形式

二、你不知道的世界主要航线

世界主要航线，见表5-1-3。

表5-1-3 世界主要航线

主要航线	航线介绍
西欧—北美间的北大西洋航空线	该航线主要连接巴黎、伦敦、法兰克福（德国）、纽约、芝加哥、蒙特利尔（加拿大）等航空枢纽
西欧—中东—远东航空线	该航线连接西欧各主要机场至香港、北京、东京等机场，并途经雅典（希腊）、开罗（埃及）、德黑兰（伊朗）、卡拉奇（巴基斯坦）、新德里（印度）、曼谷（泰国）、新加坡等重要航空站
远东—北美间的北太平洋航线	这是北京、香港、东京等机场经北太平洋上空至北美西海岸的温哥华、西雅图、旧金山、洛杉矶等机场的航空线，并可延伸至北美东海岸的机场。太平洋中部的火奴鲁鲁是该航线的主要中途加油站

此外，还有北美—南美，西欧—南美，西欧—非洲，西欧—东南亚—澳新，远东—澳新，北美—澳新等重要国际航空线

三、航空货运业务流程

1. 航空出口货运业务流程

航空出口货运业务流程是指航空货运公司从发货人手中接货到将货物交给航空公司承运这一过程所需通过的环节、所需办理的手续以及必备的单证，它的起点是从发货人手中接货，终点是将货交给航空公司，如图5-1-1所示。

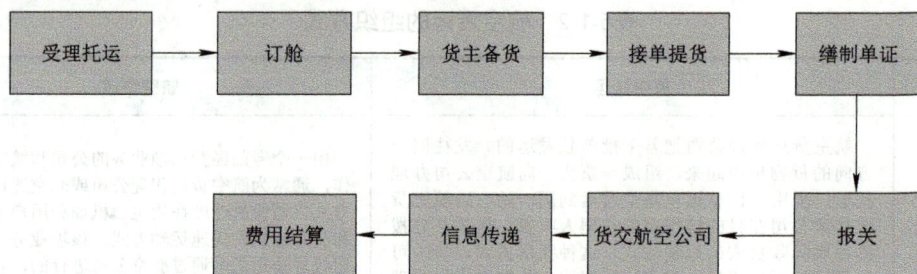

图 5-1-1 航空出口货运业务流程（1）

航空出口货运业务流程图各部分的基本内涵，见表5-1-4。

表5-1-4 航空出口货运业务流程图各部分的基本内涵

空运业务流程	承担业务内容			备注
	托运人（发货人）	航空货运公司（货运代理人）	航空公司（承运人）	
托运受理	①在货物出口地寻找航空货运公司，为其代理订舱、报关、托运业务；②填制航空货物托运书	①根据业务范围、服务评价项目等接受托运人委托；②要求托运人填制航空货物托运书	—	托运人应对托运书上所填内容及所提供有关运输文件的正确性和完备性负责
订舱	—	根据托运人的要求及货物本身的特点填写民航部门要求的订舱单	航空公司根据实际情况安排航班和舱位	一般来说，非紧急的一般货物可以不预先订舱
货主备货	按照要求备货	及时通知发货人备单、备货	根据航空货运公司填写的订舱单安排航班和舱位	发货人如要求代理人代理报关，发货人需提供相关报关单证
接单提货	准备货物；准备相关单证（主要报关单证，如报关单、合同副本、商检证明等）	去发货人处提货，同时要求发货人提供相关单证	—	提货注意：①检查货物品质、运送目的地、体积、海关手续；②检查托运书上相关各栏的填写；③称重和量尺寸；④计算运费
缮制单证	—	①缮制报关单，报海关初审；②缮制航空货运单	—	按照航空运单填制要求详细填制
报关	—	持缮制完的航空运单、报关单、装箱单、发票等相关单证到海关报关	—	海关在报关单、单证正本、出口收汇核销单上盖放行章，并在出口产品退税的单据上盖验讫章
货交航空公司	—	将盖有海关放行章的航空运单与货物一起交给航空公司	安排航空运输，验收单、货无误后，在交接单上签字	交接时附航空运单正本、发票、装箱单、产地证明、品质鉴定书等
信息传递	—	确认货物出运后，及时将信息反馈给货主或代理收货	—	通知内容包括航班号、运单号、品名、收货人等资料
费用结算	支付运费	①向发货人收取航空运费、地面运费及各种手续费、服务费；②向承运人支付航空运费并向其收取佣金	支付佣金	航空货运公司可按协议与国外代理结算到付运费及利润分成

2. 航空进口货运业务流程

航空货物进口程序是指航空货物从入境到提取或转运和整个过程中所需通过的环节、所需办理的手续以及必备的单证。航空货物入境后，要经过各个环节才能提出海关监管场所，而经过每一道环节都要办理一定的手续，同时，出具相关的单证。航空进口货运业务流程如图5-1-2所示。

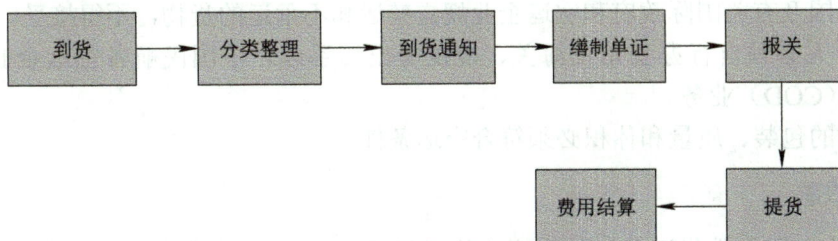

到货 → 分类整理 → 到货通知 → 缮制单证 → 报关 → 提货 → 费用结算

图5-1-2　航空进口货运业务流程

航空进口货运业务流程图各部分的基本内涵，见表5-1-5。

表5-1-5　航空进口货运业务流程图各部分的基本内涵

空运业务流程	主要内容
到货	航空货物入境后，即处于海关监管之下，相应地，货物存在海关监管仓库内。同时，航空公司向运单上的发货人发出到货通知。若运单上的第一收货人是航空货运公司，则航空公司会把有关货物运单据交给航空货运公司
分类整理	航空货运公司在取得航空运单后，根据自己的习惯进行分类整理，其中，集中托运货物和单票货物、运费预付和运费到付货物应区分开来。集中托运货物需对总运单项下的货物进行分拨，按每一分运单的货物分别处理。分类整理后，航空货运公司可对每票货编上公司内部的编号，以便于用户查询和内部统计
到货通知	航空货运公司根据收货人资料寄发到货通知，告知其货物已到港，催促其速办报关、提货手续
缮制单证	根据运单、发票及证明货物合法进口有关批文缮制报关单，并在报关单的右下角加盖报关单位的报关专用章
报关	将制作好的报关单连同正本的货物装箱单、发票、运单等递交海关，向海关提出办理进口货物报关手续。海关经过初审、审单、征税等环节后，放行货物。只有经过海关放行后的货物，才能提出海关监管场所
提货	凭借盖有海关放行章的正本运单到海关监管场所提取货物，并送货给收货人，收货人也可自行提货
费用结算	货主或委托人在收货时应结清各种费用，如国际段到付运费、报关费、仓储费、劳务费等

看一看

学习航空货运进出口业务流程，你知道货代企业具体是如何进行业务操作的吗？打开资源包，观看"空运进出口货运代理"微课视频，总结空运进出口业务操作流程。

四、航空货运包含哪些收运条件

1. 一般规定

1）根据中国民航各有关航空公司的规定，托运人所交运的货物必须符合有关始发、中转和到达国家的法令和规定以及中国民航各有关航空公司的一切运输规章。

2）凡中国及有关国际政府和空运企业规定禁运和不承运的货物，不得接受。

3）托运人必须自行办妥始发海关、检疫等出境手续。中国民航各空运企业暂不办理"货款到付"（COD）业务。

4）货物的包装、质量和体积必须符合空运条件。

2. 价值限制

每批货物（即每份货运单）的声明价值不得超过10万美元或其等值货币（未声明价值的，按毛重每公斤20美元计算）。超过时，应分批交运（即分两份或多份货运单）；如货物不宜分开，必须经有关航空公司批准后方可收运。

3. 付款要求

1）货物的运费可以预付，也可以到付，但需注意：①货物的运费和声明价值费，必须全部预付或全部到付。②在运输始发站发生的其他费用，必须全部预付或全部到付；在运输途中发生的费用应到付，但某些费用，如政府所规定的固定费用和机场当局的一些税收，如始发站知道时，也可以预付；在目的地发生的其他费用只能全部到付。

2）托运人可用下列付款方式向承运人或其代理人支付运费：人民币现金（或中国人民银行国内支票）。注：代理人不得接受托运人使用旅费证（MCO）或预付票款通知单（PTA）作为付款方式。

■ 任务操作

步骤一：明确任务，角色分配

角色的划分可参见表5-1-6中内容，根据实际情况进行调整。

表5-1-6　角色划分

参考角色	参考人数
业务员	1
托运人	1
取货员	1
仓管员	1
装卸员	1~2
调度员	1

步骤二：填写航空出口货运业务流程

由于是从天津到纽约，所以属于出口业务，其流程如图5-1-3所示，请填写齐全。

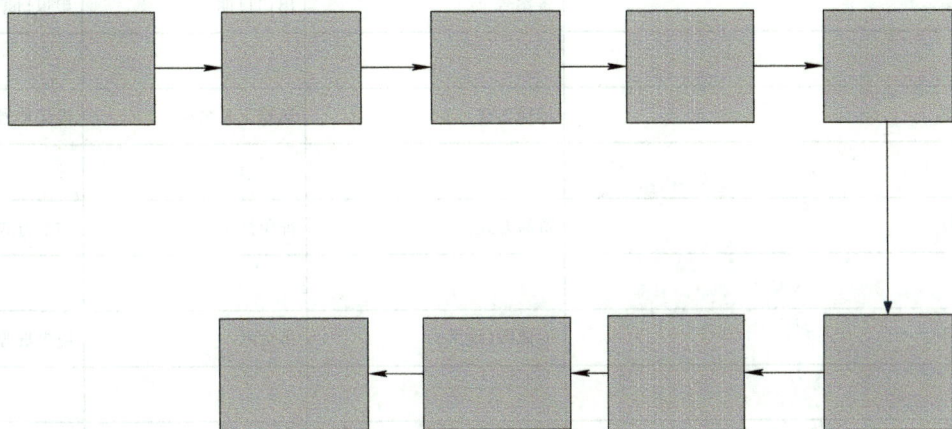

图5-1-3　航空出口货运业务流程（2）

步骤三：按流程完成货物运输

1. 受理托运

天津丝美贸易有限公司找到好盟公司，要求好盟公司为其代理空运订舱、报关、托运业务，好盟公司根据自己的业务范围，承接了该请求，并要求天津丝美贸易有限公司填制航空托运单。

2. 订舱

好盟公司根据丝美贸易要托运的是纺织品这一信息，填写了民航部门要求的订舱单，并注明货物的详细信息，安排好航班和舱位。

3. 货主备货

好盟公司通知丝美贸易按航班时间备好货物。

4. 接单提货

好盟公司检查收运的丝美贸易的货物、目的地等是否符合要求。

5. 缮制单证

绘制报关单，报海关初审，如图5-1-4所示。

中华人民共和国海关出口货物报关单

预录入编号：   海关编号：

出口口岸		备案号		出口日期	申报日期
经营单位		运输方式		运输工具名称	提运单号
发货单位		贸易方式		征免性质	结汇方式
许可证号		运抵国(地区)		指运港	境内货源地
批准文号	成交方式	运费		保费	杂费
合同协议号	件数	包装种类		毛重(公斤)	净重(公斤)
集装箱号	随附单据				生产厂家

标记唛码及备注

项号	商品编号	商品名称规格型号	数量单位	最终目的国(地区)	单价	总价	币制	征免

税费征收情况

录入员录入单位	兹声明以上申报无讹并承担法律责任		海关审单批注及放行日期(签章)	
报关员			审单	审价
单位地址	申报单位(签章)		征税	统计
邮编	电话	填制日期	查验放行	

图 5-1-4 出口报关单

6. 报关

好盟公司拿着缮制好的单证到海关报关，海关盖放行章。

7. 货交航空公司

将盖好章的单证和货物交回好盟公司订好的航班，安排空运。

8. 信息传递

货物发出后，好盟公司将通知国外收货公司相关航班号、运单号、品名、数量、质量等的资料传递给对方。

9. 费用结算

好盟公司根据此次运输货物所有花费，计算此次运费。

任务评价

姓名			学号		专业	
活动名称			航空货物运输组织			
考核内容		考核标准	参考分值（100）	学生自评	小组互评	教师评价	考核得分
素养评价	1	具有良好的沟通能力和团队合作精神	10				
	2	能利用网络快速、准确搜集并总结有用信息	10				
知识评价	3	掌握航空运输的营运方式	10				
	4	掌握航空货运的组织方法	10				
	5	掌握航空货物运输的工作流程	10				
技能评价	6	能根据空运货物的种类选择营运方式和组织方式	20				
	7	能根据航空货运流程展开具体的工作流程	20				
	8	能够准确、流畅地完成任务	10				
总得分			100				

任务拓展

在教师的组织下，以小组为单位，结合本地的社会经济发展情况、交通运输情况、物流发展情况，讨论一下本地发展航空运输的有利条件和不利条件。在组织讨论前，学生先要进行一些调查研究，收集一些相关资料，最终每小组以PPT的形式进行汇报。

任务二 航空货物运费核算

任务目标

知识目标

1. 掌握航空运单的填写规范和内容
2. 掌握航空运价的计费重量
3. 掌握航空运价的种类和术语

技能目标

1. 能够正确填写航货运单
2. 能够根据航空货物运输费用的计算步骤，计算航空运费

素养目标

1. 具有良好的沟通能力和团队合作精神
2. 具有一定的安全意识和良好的专业行为规范
3. 能利用网络快速、准确搜集并总结有用信息

任务发布

2017年11月18日，好盟公司主管李琦，看到刘龙等人对航空运输这么感兴趣，决定将公司要出口的两批货物运输信息提供给他们，让他们进行费用的核算工作，具体的货物运输信息如下所示：

1. Routing: JIAMUSI，CHINA（JMU）TO AMSTERDAM，HOLLAND（AMS）

Commodity: PARTS

Gross Weight: 38.6 kgs

Dimensions: 101 cm × 58 cm × 32 cm

公布运价见表5-2-1。

表5-2-1 运价表（1）

JIAMUSI	CN	JMU	
Y.RENMINBI	CNY	KGS	
AMSTERDAM	NL	M	320.00
		N	50.22
		45	41.33
		300	37.52

2. Routing: JIAMUSI，CHINA(JMU) TO OSAKA , JAPAN(OSA)

Commodity: FRESH APPLES

Gross Weight: EACH 65.2 kgs, TOTAL 5 PIECES

Dimensions:102 cm × 25 cm × 44 cm × 5

公布运价见表5-2-2。

表5-2-2　运价表（2）

JIAMUSI	CN	JMU			
Y.RENMINBI	CNY	KGS			
OSAKA	JP			M	230.00
				N	37.51
				45	28.13
		0008		300	18.80
		0300		500	20.61
JIAMUSI	CN	JMU			
Y.RENMINBI	CNY	KGS			
OSAKA	JP			M	230.00
				N	37.51
				45	28.13
		0008		300	18.80
		0300		500	20.61

注: 1.1in^3=16.3871 cm^3。

　2.M：最低运费。

　3.N：45千克以下普通货物运价。

　4.C：指定商品运价。

　5.S：等级货物运价。

刘龙等人该怎样计算运费呢？

任务资讯

一、什么是国内航空运单

国内航空运单即为承运人与托运人之间签订的运输契约，也是承运人或其代理人签发的货物收据。货物运输在国内完成。航空运单还可作为核收运费的依据和提货的基本单据。但航空运单不是航空公司的提货通知单。在航空运单（见图5-2-1）的收货人栏内，必须详细填写收货人的全称和地址，而不能做成指示性抬头。

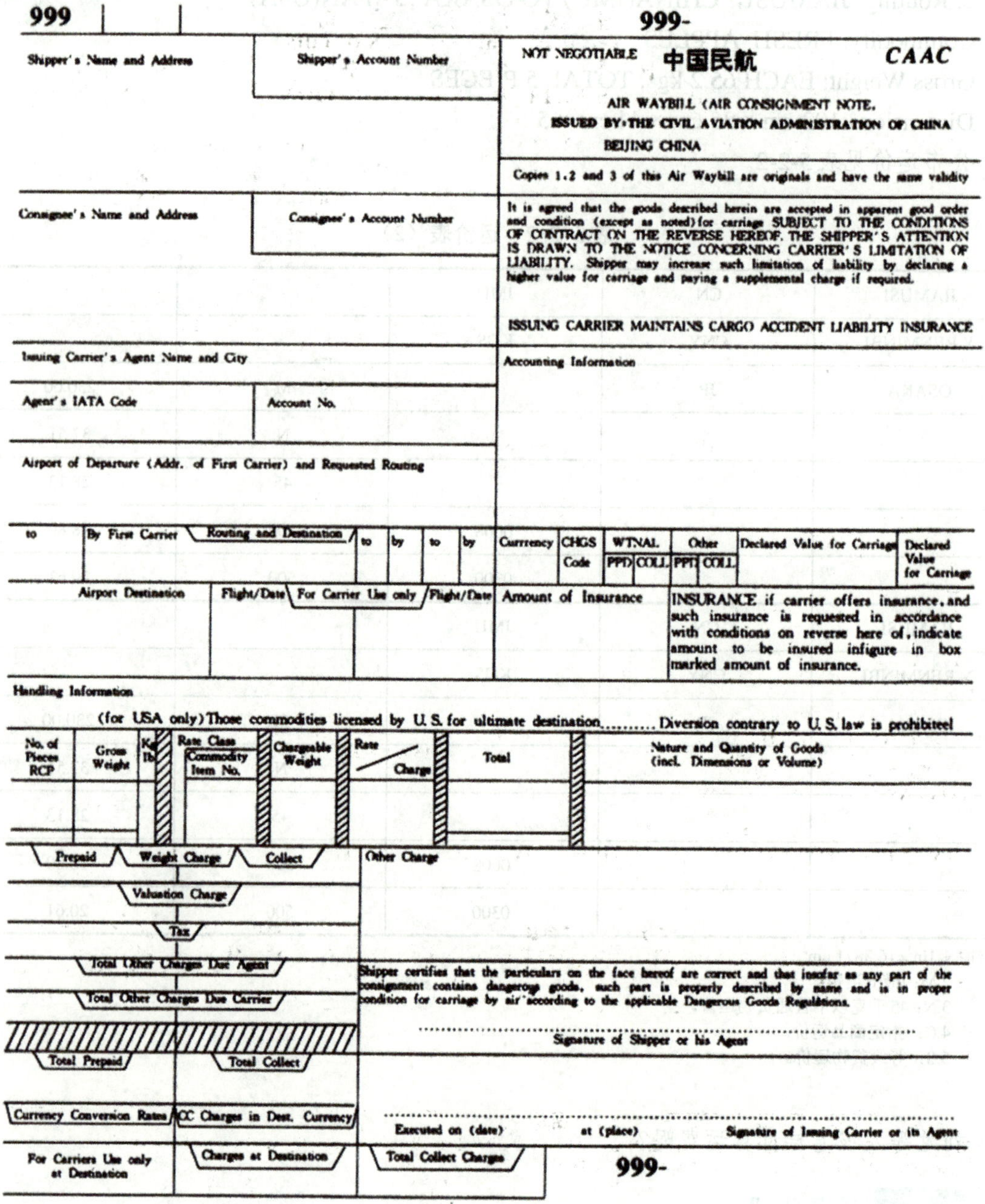

图5-2-1 航空运单

看一看

打开资源包，观看"南方航空货运部宣传片"，回答下列问题：

1. 南方航空的四大中转枢纽分别是什么？

2. 上海以哪个货运方向为主？

二、航空运单可以分为哪几类

（1）主运单

凡由航空运输公司签发的航空运单均称为主运单。它是航空运输公司据以办理货物运输和交付的依据，是航空公司和托运人订立的运输合同，每一批航空运输的货物都有自己相对应的航空主运单。

（2）分运单

集中托运人在办理集中托运业务时签发的航空运单称为分运单。

三、如何填制航空货运单运费计算栏

1）普通货物航空货运单运费计算栏填制，如图5-2-2所示。

件数 NO. OF PCS	毛重/kg GROSS WEIGHT/kg	运价种类 RATE CLASS	计费重量/kg CHARGE-ABLE WEIGHT/kg	费率 RATE/kg	航空运费/元 WEIGHT CHARGE/元	货物品名（包括包装、尺寸或体积） DESCRIPTION OF GOODS（INCL. PACKAGING, DIMENSION OF VOLUME）
1	3	M	3	30.00	30.00	服装样品/纸箱（20 cm×30 cm×20 cm×1）

图5-2-2　航空货运单运费计算栏填制（1）

2）普通货物重量分界点运费计算栏填制，如图5-2-3所示。

件数 NO. OF PCS	毛重/kg GROSS WEIGHT/kg	运价种类 RATE CLASS	计费重量/kg CHARGE-ABLE WEIGHT/kg	费率 RATE/kg	航空运费/元 WEIGHT CHARGE/元	货物品名（包括包装、尺寸或体积） DESCRIPTION OF GOODS（INCL. PACKAGING, DIMENSION OF VOLUME）
2	40	Q	45	6.50	293.00	印刷品/纸箱（40 cm×40 cm×30 cm×2）

图5-2-3　航空货运单运费计算栏填制（2）

3）普通货物体积重量和分界点运价运费计算栏填制，如图5-2-4所示。

件数 NO. OF PCS	毛重/kg GROSS WEIGHT/kg	运价种类 RATE CLASS	计费重量/kg CHARGE-ABLE WEIGHT/kg	费率 RATE/kg	航空运费/元 WEIGHT CHARGE/元	货物品名（包括包装、尺寸或体积） DESCRIPTION OF GOODS（INCL. PACKAGING, DIMENSION OF VOLUME）
8	220	Q	260	4.60	1196.00	仪器/纸箱（50 cm×60 cm×65 cm×8）

图5-2-4　航空货运单运费计算栏填制（3）

4）指定商品运价运费计算栏填制，如图5-2-5所示。

件数 NO. OF PCS	毛重/kg GROSS WEIGHT/kg	运价种类 RATE CLASS	计费重量/kg CHARGE-ABLE WEIGHT	费率 RATE/kg	航空运费/元 WEIGHT CHARGE/元	货物品名（包括包装、尺寸或体积） DESCRIPTION OF GOODS（INCL. PACKAGING, DIMENSION OF VOLUME）
10	400	C	500	1.00	500.00	海鲜/泡沫箱（60 cm×70 cm×50 cm×10）

图5-2-5 航空货运单运费计算栏填制（4）

5）等级运价运费计算栏填制，如图5-2-6所示。

件数 NO. OF PCS	毛重/kg GROSS WEIGHT/kg	运价种类 RATE CLASS	商品代号 COMM. ITEM NO	计费重量/kg CHARGE-ABLE WEIGHT	费率 RATE/kg	航空运费/元 WEIGHT CHARGE/元	货物品名（包括包装、尺寸或体积） DESCRIPTION OF GOODS（INCL. PACKAGING, DIMENSION OF VOLUME）
3	15	S	N150	15	14.30	215.00	冻羊肉/纸箱（40 cm×30 cm×20 cm×3）

图5-2-6 航空货运单运费计算栏填制（5）

四、如何计算普通货物运价 (GCR)

1. 术语

Volume（体积）、Volume Weight（体积重量）、Chargeable Weight（计费重量）、Applicable Rate（适用运价）、Weight Charge（航空运费）。

2. 计算步骤

1）计算出航空货物的体积（Volume）及体积重量（Volume Weight）。

体积重量的折算，换算标准为每6000 cm³折合1 kg。即：

$$体积重量（kg）＝货物体积（cm^3）÷6000（cm^3/kg）$$

2）计算货物的总重量（Gross Weight），即：

$$总重量＝单个商品重量×商品总数$$

3）比较体积重量与总重量，取大者为计费重量（Chargeable Weight）。

4）根据公布运价，找出适合计费重量的适用运价（Applicable Rate）。

5）计算航空运费（Weight Charge）。

$$航空运费＝计费重量×适用运价$$

6）若采用较高重量分界点的较低运价计算出的运费比第5）步计算出的航空运费低时，取低者。

7）比较第6）步计算出的航空运费与最低运费（M），取高者。

五、你不知道的那些国际国内空运计费重量和运价种类

国际国内空运计费重量和运价种类标准，见表5-2-3。

表5-2-3　国际国内空运计费重量和运价种类标准

	国内货运运费	国际货运运费
计费重量	货物的实际重量，或者是货物的体积重量，或者是较高重量分界点的重量 （1）实际毛重 ①包括货包装在内的货物重量，国内运中以kg为单位 ②重量不足1kg的尾数四舍五入 ③贵重物品的实际毛重以0.1 kg为单位，0.1 kg以下四舍五入 （2）体积重量 ①将货物的体积按照一定比例折合成的重量 ②换算标准为每6000 cm³折合为1kg ③体积重量（kg）=货物体积（cm³）÷6000（cm³/kg）	（1）千克：以0.5kg为单位。小数点后不足0.5kg，进到0.5 kg；大于0.5 kg，进到1kg （2）磅：小数点后不足1磅，进到1磅 （3）计算国际货物体积重量时，每6000 cm³折合为1kg，或366立方英寸折合为1kg，或166立方英寸折合为1磅
运价种类	注：1立方英寸=16.3871 cm³ （1）M：最低运费 （2）N：45 kg以下普通货物运价 （3）Q：45 kg以上普通货物运价 （4）Q100、Q300 （5）C：指定商品运价 （6）S：等级货物运价	

六、如何计算国际航空货物运输运费

直达运价是指航空公司在运价本上直接注明的承运人对由甲地运至乙地的货物收取的一定金额。

1. 种类

（1）特种货物运价（Specific Commodity Rates，SCR）

特种货物运价通常是承运人根据在某一航线上经常运输某一种类货物的托运人的请求，或为促进某地区间某一种类货物的运输，经国际航空运输协会同意所提供的优惠运价。

国际航空运输协会公布特种货物运价时将货物划分为以下类型：

0001~0999 食用动物和植物产品；

1000~1999 活动物和非食用动物及植物产品；

2000~2999 纺织品、纤维及其制品；

3000~3999 金属及其制品，但不包括机械、车辆和电器设备；

4000~4999 机械、车辆和电器设备；

5000~5999 非金属矿物质及其制品；

6000~6999 化工品及相关产品；

7000~7999 纸张、芦苇、橡胶和木材制品；

8000~8999 科学、精密仪器、器械及配件；

9000~9999 其他货物。

其中每一组又细分为10个小组，每个小组再细分，这样几乎所有的商品都有一个对应的组号，公布特种货物运价时只要指出本运价适用于哪一组货物即可。

因为承运人制订特种运价的初衷主要是使运价更具竞争力，吸引更多客户使用航空货运形式，使航空公司的运力得到更充分的利用，所以特种货物运价比普通货物运价要低。也因此适用特种运价的货物除了满足航线和货物种类的要求外，还必须达到承运人所规定的起码运量（如100 kg）。如果货量不足，而托运人又希望适用特种运价，那么货物的计费质量就要以所规定的起码运量为准，该批货物的运费就是计费质量（在此是起码运量）与所适用的特种货物运价的乘积。

（2）等级货物运价（Class Rates or Commodity Classification Rates，CCR）

等级货物运价是指适用于指定地区内部或地区之间的少数货物运输。通常表示为在普通货物运价的基础上增加或减少一定的百分比。

适用等级货物运价的货物通常有：

① 活动物、活动物的集装箱和笼子。

② 贵重物品。

③ 尸体或骨灰。

④ 报纸、杂志、期刊、书籍、商品目录、盲人和聋哑人专用设备和书籍等出版物。

⑤ 作为货物托运的行李。

其中①~③项通常在普通货物运价基础上增加一定百分比；④~⑤项在普通货物运价的基础上减少一定百分比。

（3）普通货物运价（General Cargo Rates，GCR）

普通货物运价是适用最为广泛的一种运价。当一批货物不能适用特种货物运价，也不属于等级货物时，就应该适用普通货物运价。

通常，各航空公司公布的普通货物运价针对所承运货物数量的不同规定几个计费重量分界点（Breakpoints）。最常见的是45kg分界点，将货物分为45kg以下的货物（该种运价又被称为标准普通货物运价，即 Normal General Cargo Rates，或简称N）和45kg以上（含45kg）的货物。另外，根据航线货流量的不同还可以规定100kg、300kg分界点，甚至更多。运价的数额随运输货量的增加而降低，这也是航空运价的显著特点之一。

由于对大运量货物提供较低的运价，人们很容易发现对一件75kg的货物，按照45kg以上货物的运价计算的运费（$9.82 \times 75 = 736.50$）反而高于一件100kg货物所应付的运费（$7.14 \times 100 = 714.00$）。显然这有些不合理。因此，航空公司又规定对航空运输的货物除了要比较其实际的毛重和体积重量并以高的为计费重量以外，如果适用较高的计费重量分界点计算出的运费更低，则也可适用较高的计费重量分界点的费率，此时货物的计费重量为那个较高的计费重量分界点的最低运量。也就是说，在上边的例子中，这件75 kg的货物也可以适用每公斤7.14英镑的费率，但货物的计费重量此时应该是100 kg，得出的运费为714英镑。

（4）起码运费（Minimum Charges，M）

起码运费是航空公司办理一批货物所能接受的最低运费，是航空公司在考虑办理即使很小的一批货物也会产生的固定费用后制定的。

如果承运人收取的运费低于起码运费，就不能弥补运送成本。因此，航空公司规定无论所运送的货物适用哪一种航空运价，所计算出来的运费总额都不得低于起码运费。若计算出的数值低于起码运费，则以起码运费计收，另有规定除外。

航空货运中除以上介绍的直达运价外，还有一种特殊的运价，即成组货物运价（United consignment ULD，Unit Load Devices）适用于托盘或集装箱货物。

2. 公布的直达运价的使用

1）除起码运费外，公布的直达运价都以kg或磅为单位。

2）航空运费计算时，应首先适用特种货物运价，其次是等级货物运价，最后是普通货物运价。

3）如按特种货物运价或等级货物运价或普通货物运价计算的货物运费总额低于所规定的起码运费时，按起码运费计收。

4）承运货物的计费重量可以是货物的实际重量或者是体积重量，以高的为准；如果某一运价要求有最低运量，而无论货物的实际重量或者是体积重量都不能达到要求时，以最低运量为计费重量。

5）公布的直达运价是一个机场至另一个机场的运价，而且只适用于单一方向。

6）公布的直达运价仅指基本运费，不包含仓储等附加费。

7）原则上，公布的直达运价与飞机飞行的路线无关，但可能因承运人选择的航路不同而受到影响。

8）运价的货币单位一般以起运地当地货币单位为准，费率以承运人或其授权代理人签发空运单的时间为准。

3. 计费重量与实际重量

有些客户往往会发现货运代理或航空公司收取的费用与自己原先计算的重量有出入。在空运业务中，存在着计费重量和实际重量两个重量。航空公司根据货物的密度来计算费用，对于重货而言，计费重量等于实际重量，即货物的毛量；对于轻泡货物而言，货物的计费重量按照1 m³等于167kg计算。不足1公斤的，尾数四舍五入。

轻泡货物的计费重量公式：

1）计费重量（kg）＝长（cm）×宽（cm）×高（cm）/6000

2）计费重量（kg）＝货物的体积（cm³）×167kg

此外，航空公司在站丈量货物的外包装时，往往会比箱子的实际尺寸多出一两厘米，如果箱子有突出部分，按突出部分的长度来计算。而货物的计费重量往往可以从航空公司网站上提供的货物跟踪服务中得到证实。

4. 其他附加费

其他附加费包括制单费、货到付款附加费、提货费等，一般只有在承运人或航空货运代理人或集中托运人提供服务时才收取。

计算国际航空货物运输运费，首先要计算计费重量。所谓计费重量就是据以计算运费的货物的数量。

（1）重货（High density cargo）

重货是指那些每 6000 cm^3 或每 366 in^3 [一] 重量超过 1kg 或者每 166 in^3 重量超过 1 lb 的货物。重货的计费重量就是它的毛重。如果货物的毛重以 kg 表示，计费重量的最小单位是 0.5kg。当重量不足 0.5kg 时，按 0.5kg 计算；超过 0.5kg 不足 1kg 时按 1kg 计算。如果货物的毛重以 lb 表示，当货物不足 1 lb 时，按 1 lb 计算。

（2）轻货（Low density cargo）

轻货或轻泡货物是指那些每 6000 cm^3 或每 366 in^3 重量不足 1kg 或者每 166 in^3 重量不足 1 lb 的货物。轻泡货物以它的体积重量（Volume Weight）作为计费重量，计算方法是：

①不考虑货物的几何形状分别量出货物的最长、最宽、最高的部分，单位为 cm 或 in，测量数值的尾数四舍五入。

②将货物的长、宽、高相乘得出货物的体积。

③将体积折合成 kg 或 lb，即根据所使用不同的度量单位分别用体积值除以 6000 cm^3 或 366 in^3 或 166 in^3。体积重量尾数的处理方法与毛重尾数的处理方法相同。

（3）多件货物

在集中托运的情况下，同一运单项下会有多件货物，其中有重货也有轻货，此时货物的计费重量就按照该批货物的总毛重或总体积重量中较高的一个计算。也就是首先计算这一整批货物总的实际毛重；其次，计算该批货物的总体积，并求出体积重量；最后，比较两个数值，并以高的作为该批货物的计费重量。

> **看一看**
>
> 看了这么多，是不是还是不太会计算航空运费？没关系，打开资源包，观看视频"国际航空运费计算"和动画"普通货物运价计算"，看完后你就可以秒变计算达人了！

[一] $1 \text{ in}^3 = 16.3871 \text{ cm}^2$。

步骤一：第一批货物运费的核算

（1）按实际重量计算：

体积（Volume）：101×58×32=187 456cm³

体积重量（Volume Weight）：187 456cm³÷6000cm³/kg=31.24kgs=31.5kgs

毛重（Gross Weight）：38.6kgs

应计费重量（Chargeable Weight）：39.0kgs

适用费率（Applicable Rate）：GCR N50.22 CNY/kg

运费（Weight Charge）：39.0×50.22=CNY1 958.58

（2）采用较高分界点的较低运价计算：

应计费重量（Chargeable Weight）：45.0kgs

适用费率（Applicable Rate）：GCR Q41.53 CNY/kg

运费（Weight Charge）：45.0×41.53=CNY1868.85

（1）<（2），取运费较低者，运费（Weight Charge）：CNY1868.85

步骤二：第二批货物运费的核算

查品名表，编号0008对应的货物名称是新鲜水果，符合要求，货物数量达到300kg的最低数量要求。

体积（Volume）：102 cm×25 cm×44 cm×5 =561 000cm³

体积重量（Weight）：561000cm³÷6000cm³/kg=93.5kg

毛重（Gross Weight）：65.2 kgs×5 =326.0kgs

应计费重量（Chargeable Weight）：326.0kgs

适用费率（Applicable Rate）：SCR0008/Q3000 18.80 CNY/kgs

运费（Weight Charge）：326.0kgs×18.80= CNY6 128.80

此批货物的航空运费为：CNY6128.80

步骤三：检查、评估

核对运费核算结果，检查实训过程是否符合流程，并对运费的计算结果进行核对。

任务评价

姓名			学号			专业		
活动名称		航空货物运费核算						
考核内容		考核标准		参考分值（100）	学生自评	小组互评	教师评价	考核得分
素养评价	1	具有良好的沟通能力和团队合作精神		10				
	2	能利用网络快速、准确搜集并总结有用信息		10				
知识评价	3	掌握航空运单的填写规范和内容		10				
	4	掌握航空运价的计费重量		10				
	5	掌握航空运价的种类和术语		10				
技能评价	6	能够正确填写航货运单		20				
	7	能够根据航空货物运输费用的计算步骤，计算航空运费		20				
	8	能够准确、流畅地完成任务		10				
总得分				100				

任务拓展

一件由北京寄往上海的快件（航空运输、重量系数为6000）包装后纸箱长、宽、高分别为60 cm、40 cm和30 cm，实际重量为5 kg，请计算其资费。

项目六　特种货物运输

任务一　特种货物运输组织

任务目标

知识目标

1. 掌握特种货物运输的概念
2. 掌握特种货物运输的特点
3. 掌握特种货物的运输条件

技能目标

1. 能够掌握不同特种货物的运输组织
2. 能够独立完成特种货物的运输组织

素养目标

1. 具有良好的沟通能力和团队合作精神
2. 具有一定的安全意识和良好的专业行为规范
3. 能利用网络快速、准确搜集并总结有用信息

任务发布

　　2017年11月23日,好盟公司收到来自天津新锐生鲜活物批发市场发来的运输请求。具体内容见表6-1-1。

表6-1-1　运输通知单

TO：天津好盟物流运输有限公司 我司有一批货物须从天津发往上海,具体信息如下表所示:						
序号	商品名称	数量	单位	重量/kg	体积/m³	到货日期
1	香梨	200	箱	5000	42	2017-11-27
收货单位	上海尚佳酒店					
收货地址	上海市高新区农展馆南路6号　邮编200000					
联系人	田×					
电话	021-3451××××,1581154××××,传真021-1232××××					
急需发运! 收到请回复! FROM：天津新锐生鲜活物批发市场　沈× 022-5695××××　　1378733×××× 天津市河西区西林路中段 邮编300000 传真022-1555××××						

6

对于这批鲜活易腐货物的运输，李琦想看看刘龙等人会如何进行组织，所以将这份任务交给他们。刘龙等人是如何组织该运输的呢？让我们一探究竟。

任务资讯

一、一般特种货物运输的概念、特点及运输条件

一般特种货物运输的概念、特点及运输条件，见表6-1-2。

表6-1-2　一般特种货物运输的概念、特点及运输条件

特种货物	概念	特点	运输条件
危险货物运输	具有爆炸、易燃、毒害、腐蚀、放射性等性质，在运输、装卸和储存保管过程中，容易造成人身伤亡和财产损失而需要特别防护的货物运输	①品类繁多 ②危险性大 ③运输管理的规章制度多 ④专业性强	①业务专营，资质从严 ②车辆专用，设备齐全 ③人员专业，知识武装
大型货物运输	整件货物长度在6 m以上，宽度超过2.5 m，高度超过2.7 m的长大货物和货物单件重量在4 t（不含4 t）的笨重货物的运输	—	①使用适宜的装卸机械 ②用相应的专用车辆，严格按有关规定装载 ③重车重心高度应控制在规定限制内
鲜活易腐货物运输	在运输过程中需要使用专门的运输工具，或采用特殊措施，以便保持一定温度、湿度或供应一定的饲料、上水、换水，以防止死亡和腐烂变质的货物的运输	①品类多、运距长、组织工作复杂 ②季节性强、运量波动大 ③运输时间紧迫 ④易受外界气温、湿度和卫生条件的影响	配备一定数量的冷藏车和保温车，尽量组织"门到门"的直达运输
贵重货物运输	价格昂贵、运输责任重大的货物的运输	—	—

二、如何组织特种货物

1.危险货物运输组织

（1）危险货物分类

危险货物品种繁多，性质复杂，要求运输保管条件不一。为了便于制订相应的运输条件，采取相应的防护措施及一旦发生事故便于施救，按危险货物性质相近、运输条件相同的原则，将危险货物分为9类：

第1类　爆炸品

第2类　压缩、液化或加压溶解气体

第3类　易燃液体

第4类　易燃固体，易自燃或遇水易燃物品

第5类　氧化剂和有机过氧化物

第6类　毒害品和感染性物品

第7类　放射性物品

第8类　腐蚀品

第9类　杂项货物运输组织

图6-1-1　危险品分类及标志

（2）危险货物的判定

在"危险货物品名表"中列载的品名，均属危险货物（特殊规定可按普通货物运输条件运输的品名除外），均按危险货物运输条件运输。

未列入"危险货物品名表"中，但铁道部已确定并公布为危险货物的品名时，按铁道部规定办理。

在"危险货物品名表"中未列载的化工原料、化工产品，可按"危险货物运输规则"中新产品的有关条件办理运输。

（3）危险货物运输企业资质审核

办理危险化学品通行证所需材料：企业代码、工商营业执照、道路运输营运许可证；车辆的行驶证、道路运输证、罐体检验报告；驾驶员的身份证、驾驶证、从业资格证；押运员的身份证、道路危险货物运输操作证；申请单位授权运输危险化学品通告的委托书，运输公司的法人及被委托人的身份证；申请单位危险品道路交通事故应急处置预案；申请单位车辆、驾驶员、押运员的交通安全管理规定，如图6-1-2所示。

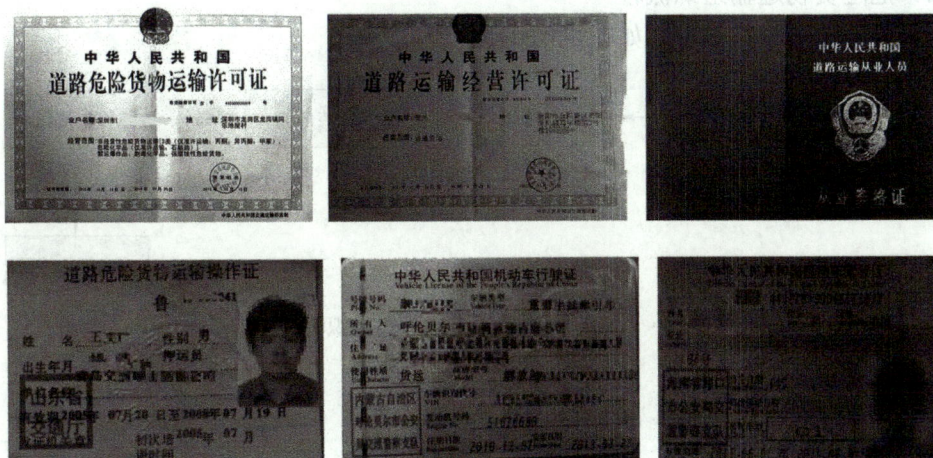

图6-1-2　各种资质证件

从事公路危险货物运输企业用户，除必须具备道路普通货物运输规定的基本条件外，还应具备下列条件：

1）危险货物的车辆、容器、装卸机械及工机具，必须符合交通部标准JT3130《汽车危险货物运输规则》规定的条件，且需经道路运输管理机构审验合格。

2）具有能保证安全运输危险货物的相应设施、设备。

3）停车场库要保证车辆出入顺畅，并具有有关部门批准允许停放危险货物运输车辆的证明。有危险货物专用车辆的，应设置相应数量的封闭型车库。

4）直接从事道路危险货物运输的驾驶员、押运员、装卸员及有关业务管理员，必须掌握危险货物运输的有关知识，持有经当地地（市）级以上道路运输管理机构或危险货物运输管理机构考核颁发的道路危险货物运输操作证。

5）危险货物运输车辆驾驶员须有2年以上安全驾驶经历或安全行驶里程达到5万km以上。

从事营业性道路危险货物运输的单位，除必须具备上述规定的条件外还需具有5辆以上装运危险货物的车辆，3年以上从事运输经营的管理经验，配有相应的专业技术管理人员（其中至少有1名具有初级技术职称的化工专业人员），并已经建立健全安全操作规程，岗位责任制，车辆设备保养、维修和安全质量教育等规章制度。

看一看

打开资源包，阅读案例"聚焦危险化学品仓储物流安全，仓储行业应做好哪几方面工作？"，并回答下列问题。

1. 查阅网上资料，说说危化品指什么。

2. 结合案例及所学知识分析该如何做好仓储。

（4）危险货物运输组织流程

危险货物运输组织流程，如图6-1-3所示。

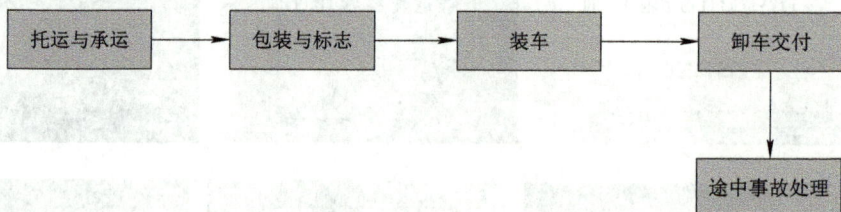

```
┌──────────┐   ┌──────────┐   ┌──────┐   ┌──────────┐
│ 托运与承运 │──▶│ 包装与标志 │──▶│ 装车 │──▶│ 卸车交付 │
└──────────┘   └──────────┘   └──────┘   └──────────┘
                                              │
                                              ▼
                                         ┌──────────┐
                                         │ 途中事故处理 │
                                         └──────────┘
```

图6-1-3 危险货物运输组织流程

小贴士

烟花爆竹的运输组织

7月31日上午，×××物流公司黄某通过乙省某市货运信息中心租用该市水利局的平头解放牌货车（该车主要是为运送宝马牌轿车去广州修理，替黄某运货是顺道搭货），以2500元的价格将货物运到丙省。7月31日15时装货，所装货物中有烟花爆竹药料硝酸钾、氯酸钾约300kg，硫黄1袋约50kg，亮珠和混合药等约300kg。另外，还有2袋已装药的10~13cm的高空礼花弹，以及装擦炮的纸盒、烟花空纸筒、包装纸、8令油蜡纸等物，共约1.5t。宝马牌轿车装在货车车厢后部，烟花爆竹药料装在车厢前部；为防雨防震和伪装，在车厢前部垫了两层纸箱板后，摆放了袋装的烟花爆竹药料和成品，然后放烟花空纸筒、包装纸等并盖了篷布。对于黄某在7月31日将查封的烟花爆竹药料装车，以及在8月1日起运时，阴某曾两次到现场，对此既没有制止，事后也没有报告，并且与穆某在黄某运费不足，驾驶员不予承运时，分别以口头和书面形式向承运车主做了担保。8月1日18：00，黄某乘雇用的解放牌货车（同车共4人）启程后，车经110国道到北京后，上107国道，途经河北、河南等多省到达丙省。8月3日，车经河南确山、湖北武汉、湖南岳阳等地时均遇到降雨，遇雨累计达20余小时。8月4日上午09：00到达丙省某县，停在该县黄某家门口。中午11：30分开始卸货，黄某将约300kg的亮珠、混合药、硫黄和部分包装材料直接卸到自用的北京凯特牌小货车上，并加盖了篷布，将该车开到黄某家门前方6.8m处，另将硝酸钾、氯酸钾、2袋礼花弹和其他几袋原材料卸到黄家的1层通道里。12：40，解放牌货车离开黄某家。14：45，凯特牌小货车上发生爆炸，又引发了堆放在通道里的药料爆炸。在小货车爆炸点东向约130m、南向约100m、西向约80m、北向约70m的范围内，房屋和玻璃窗均不同程度地被损坏。

案例分析：

烟花爆竹属于易燃易爆的危险品，在运输过程中，要尤为注意，采取相关的安全措施。在本案例中，出现的爆炸的事故就是因为违法操作造成的。

思考题：

（1）什么是危险品运输？

（2）通过本案例的学习，你认为危险品运输要注意哪些问题？

2. 大型物件运输组织

（1）大型物件分级标准

大型物件分级见表6-1-3。

表6-1-3 大型物件分级

大型物件级别	重量/t	长度/m	宽度/m	高度/m
一级	20100	14~20	3.5~4.5	3.0~3.8
二级	100200	20~30	4.5~5.5	3.8~4.4
三级	200~300	30~40	5.5~6.0	4.4~5.0
四级	300以上	40以上	6以上	5以上

（2）运输大型物件注意事项

1）托运长、大、笨重货物时，除按一般货物办理托运手续外，发货人还应向运输单位提交货物说明书，必要时应附有货物外形尺寸的三面视图（以"+"表示重心位置）和计划装载、加固等具体意见及要求。在特殊情况下，还须向有关部门办理准运证。

2）受理货物时，应按发货人提出的有关资料对货物进行审核，掌握货物的特性及长度、高度，实际重量，外形特征，重心位置等。合理选择车型，计算允许装载货物的最大重量，不准超载。指派专人观察现场道路和交通情况，附近有无电缆、电话线、煤气管道或其他地下建筑物，车辆是否能进入现场，现场是否适合装卸工作，以及调车等情况，并研究装载和运送办法。

3）了解运行路线上桥涵、渡口、隧道、道路的负荷能力及道路的净空高度。如需修筑便道或该拆建筑物时，应事先请托运方负责解决。

4）货物的装卸应尽可能使用适宜的装卸机械。装车时应是货物的全部支承面均匀地、平稳地放置在车辆底板上，以免损坏底板或大梁。

5）对于集重货物，为使其重量能均匀地分布在车辆底板上，必须将货物安置在纵横垫木上或相当于起垫木作用的设备上。

6）货物重心应尽量置于车底板纵、横中心交叉的垂线上，如无可能，则可对其横向位移严格限制，纵向位移在任何情况下，不得超过轴荷分配的技术数据。

7）装运长大、笨重货物时，除应考虑它们合理装载的技术条件外，还应视货物重量、形状、大小、重心高度、车辆和线路、运送速度等具体情况，采用不同的加固措施，以保证运输质量。重件的加固，如图6-1-4所示，应在重件的重心高度相等处捆扎为"八"字形，拉线纵横角度尽量接近45°，拉线必须牢固铰紧，避免货物在运送过程中发生位移，而使重心偏移。

（a）

（b）

（c）

（d）

图6-1-4　大件货物加固

8）重车重心高度应控制在1.8 m以下，如重心偏高，除应认真加固外，还应采取配重措施，以降低其高度，必要时车辆应限速行驶，如图6-1-5所示。

9）按指定的路线和时间行驶，并在货物最长、最宽、最高部位悬挂明显的安全标志，日间挂红旗，夜间挂红灯，以引起往来车辆的注意，如图6-1-6所示。

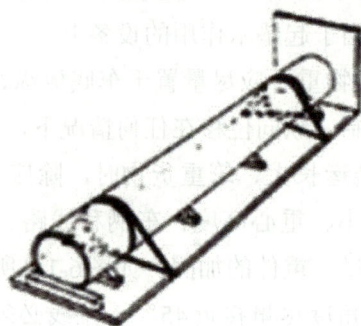

图6-1-5　大件货物配重

图6-1-6　大件货物运输的安全标志

小贴士

超限货物运输组织

某物流公司接到一项大型变压器的运输任务，为保障货物运输安全，采取以下措施：

1）交通管制。设备在运输过程中必须进行交通管制，分段封闭道路，全程进行监控。

2）运行时间。设备运输必须在白天进行。

3）运行速度。正常运输速度必须控制在5 km/h以下；道路不平整的路段速度必须控制在2 km/h以下；通过障碍的速度控制在3 km/h以下。

4）车辆启动前的检查。车辆启动前必须对平板车和加固情况做详细的检查，杜绝隐患，并做好记录。有问题必须在启动前排除。

5）运行过程中的检查。

①横坡检查：通过横坡大于3%的道路，必须进行平板车的横坡校正，确保设备处于相对水平的状态。

②纵坡检查：通过较大的纵坡时，对平板车进行纵坡校正，确保设备处于相对水平的状态。

6）车辆停放。在运输过程中，夜间停放或中途停车必须选择道路坚实平整、路面宽阔、视线良好的地段停放，设置警戒线、警示标志，并派人守护；停放时间较长时，需要在平板车主梁下部支垫道木，降低平板车高度，主梁落在道木上，检查平板车压力表，将压力降低。将平板车停放妥当后，检查设备捆绑情况和车辆轮胎等，及时排除隐患；沿途路段实行封闭或半封闭通行；停车时，做好安全隔离措施，提醒其他车辆注意绕行。

案例分析：

超限货物是一种特殊货物，在运输过程中，要采取一些必要的措施，以实现货物运输的安全。在本案例中，公司在运输超限货物时对运输的速度、运输过程的检查等做了相关的规定。

思考题：

1.什么是超限货物？

2.超限货物有哪些特点？

（3）长、大、笨重货物运输业务的组织

长、大、笨重货物运输的组织具有极强的特殊性，其组织工作主要包括受理托运（理货、验货、签订运输合同或托运单等）、分析货运任务（制订运输方案）、线路运输工作组织（确定车辆、组织装车等），以及运输结算等，如图6-1-7所示。

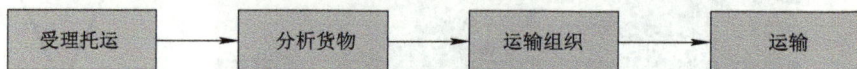

图6-1-7　大件货物运输组织流程

3. 鲜活易腐货物运输组织

鲜活易腐货物是指在运输过程中，需要采取一定措施，以防腐坏变质或死亡的货物。汽车运输的鲜活易腐货物主要有鲜鱼虾、鲜肉、瓜果、蔬菜、牲畜、观赏动物、花木秧苗、蜜蜂等，如图6-1-8所示。

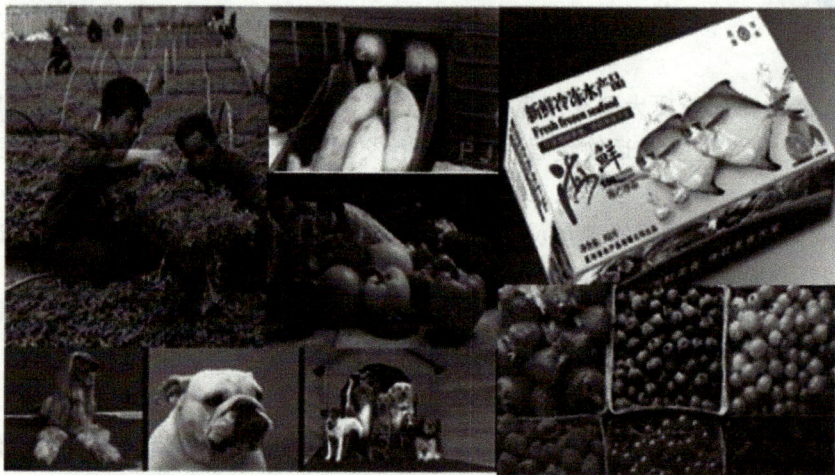

图6-1-8　鲜活易腐货物

（1）鲜活易腐货物运输的特点

1）季节性强、运量变化大。如水果、蔬菜大量上市的季节、沿海渔场的鱼汛期等，运量会随着季节的变化呈大幅度的变化。

2）运送的时间要求紧迫。大部分鲜活易腐货物，极易变质，要求以最短的时间、最快速度及时运到。

3）运输途中需要特殊照顾，如牲畜、家禽、花木秧苗等的运输，需配备专用车辆和设备，并有专人沿途进行饲养、浇水等特殊照顾。

（2）鲜活易腐货物的运输

冷藏货大致可分为冷冻货和低温货两种。冷冻货是指货物在冻结状态下进行运输的货物，运输温度的范围一般在$-10 \sim -20℃$之间。低温货是指在货物表面有一层薄薄的冻结层的状态下进行运输的货物，一般允许的温度调整范围在$-16 \sim -1℃$左右。货物要求低温运输的目的，主要是为了维持货物的呼吸以保持货物的鲜度。

为了防止冷藏货在运输过程中变质，需要保持一定的温度，见表6-1-4和表6-1-5。该温度一般称作运输温度。温度的大小应根据具体的货种而定，即使是同一货物，由于运输时间、冻结状态和货物成熟度的不同，对运输温度的要求也不一样。

表6-1-4　冷冻货物的运输温度

货名	运输温度／℃	货名	运输温度／℃
鱼	−17.8 ～ −15.0	虾	−17.8 ～ −15.0
肉	−15.0 ～ −13.3	黄油	−12.2 ～ −11.1
蛋	−15.0 ～ −13.3	浓缩果汁	−20

表6-1-5　低温货物的运输温度

货名	运输温度／℃	货名	运输温度／℃
肉	−5 ～ −1	葡萄	6.0 ～ 8.0
腊肠	−5 ～ −1	菠萝	11.0以内
黄油	−0.6 ～ 0.6	橘子	2.0 ～ 10.0
带壳鸡蛋	−1.7 ～ 15	柚子	8.0 ～ 15.0
苹果	−1.1 ～ 16	红葱	−1.0 ～ 15.0
白兰瓜	1.1 ～ 2.2	土豆	3.3 ～ 15.0
梨	0.0 ～ 5.0		

（3）鲜活易腐货物的运输要求

1）运输过程中保持一定的温度、湿度。运输过程中，温度、湿度对鲜活货物的质量有很大影响。如运送的易腐货物的车辆内不能保持一定的温度、湿度要求，货物质量就不能保证。

2）需配备相应的运输车辆、运载器具和运输设施。为了安全地运输鲜活货物，除要求铁路配备适宜货物性质的装运鲜活货物的各种类型的专门货车外，还要求在有关站段配备为易腐货物运输服务的制冰设备和加冰、加盐设备；为活动物服务的上水、供料设备等。

3）要有良好的卫生条件和通风条件。运输鲜活货物的全过程还必须具有良好的卫生环境，以避免或减少鲜活货物的腐坏、变质、掉膘或生病、死亡。

4）组织快速运输。鲜活货物都是有生命或营养价值的货物，随着运输时间的增长，货物的质量降低程度也随之增大，货物的腐烂变质或掉膘、病残死亡可能性也随之增大，因此鲜活货物应组织快速运输。

（4）鲜活易腐货物的运输组织

1）托运。发货人托运鲜活易腐货物前，应根据货物的不同特性，做好相应的包装。托运时须向承运方提出货物最长的运到期限，某一种货物运输具体温度及特殊要求，提交卫生检疫等有关证明，并在托运单上注明。

2）承运。承运鲜活易腐货物时，货运员要对鲜活易腐货物的质量、包装和热状态进行检查。在承运时应注意鲜活易腐货物的运到期限和容许运送期限。容许运送期限是根据货物的品种、成熟度、热状态，在规定的运送条件下，能保持货物质量的期限。容许运送期限应由托运人提出，车站负责审查。

承运畜禽产品和鲜活植物时，取得查验其兽医卫生机关的检疫证后才能承运。对于货物质量、包装、温度等方面的检查结果应填写"冷藏车作业单"，每车填写一份，与货物运单一起随车递至到站保存备查，以便积累运输经验，同时作为分析处理货运事故的依据。

3）运送。鲜活易腐货物运送途中，应由托运方指派押运人沿途照料，承运方对押运人员应交代安全注意事项，并提供工作和生活上的便利条件。炎热天气运送时，应尽量利用早晚时间行驶。

（5）运输鲜活易腐货物的注意事项

运输鲜活易腐货物的注意事项见表6-1-6。

表6-1-6 鲜活易腐货物运输注意事项

环节	注意事项
配载运送	应对货物的质量、包装和温度要求进行认真的检查，包装要合乎要求，温度要符合规定
装车前	应根据货物的种类、运送季节、运送距离和运送地方确定相应的运输服务方法，及时组织适宜车辆予以装运
装车时	应根据不同货物的特点，确定其装载方法
装车后	必须认真检查车辆及设备的状态，应注意清洗和消毒

（6）专业运输工具

常见专用车辆、专用设备，如图6-1-9和图6-1-10所示。

图6-1-9 动物运输车辆

图6-1-10 冷藏车

4. 贵重货物运输组织

贵重货物（见图6-1-11）价格昂贵，运输责任大，因此装车时应进行清查。清查内容包括：包装是否完整，货物的品名、重量、件数和货单是否相符；装卸搬运时怕震动的贵重货物，要轻拿轻放，不要挤压。贵重物品运输对驾驶员素质也有较高的要求，且要由托运方委派专门押运人员跟车。交付贵重货物要做到交接手续齐全、责任明确。

图6-1-11　贵重货物

任务操作

步骤一：受理托运任务

接洽托运人，详细地记录货物（见图6-1-12）的相关信息，确保托运单收、发货人的名称及到、发地点清楚、准确。

图6-1-12　受理托运的香梨

步骤二：填制运输托运单

填制运输托运单时，除了填制基本的运输信息（包括收、发货人名称及详细的到、发地址，运输香梨的重量、体积、件数及包装，运输价格）之外，还需要注明香梨的运输温度为0.0～5.0℃，湿度保持在90%～95%为宜，运输过程中应防止日晒、雨淋、挤压和碰撞。

填制鲜冷易腐货物运输托运单的注意事项：

①填写商品具体名称、热状态及运输需要控制的温度，高于或低于控制温度，不能运输。

②写明易腐商品的允许运输期限，即某种运输方式下，能够保证质量的最大运输期限。

③热状态和要求温度必须相同，即货物热状态和要求运输的温度必须相同（上限或下限差别不超过3℃）。

④填写所要求的运输方法，注明"途中加冰""途中制冷""途中加温""不加冰运输""途中不加温"等字样。

⑤保证货物专车专运，不得与其他货物混装。

步骤三：分析货运任务

香梨属于易腐类货物，需要进行冷藏运输，根据低温货物运输温度表以及托运单上的要求，确定香梨的运输温度为0.0～5.0℃。

步骤四：确定运输车辆

根据上述给出的运输信息，使用载重3t左右，温度能够控制在0.0～5.0℃之间的冷藏车（见图6-1-13）即可。

图6-1-13　冷藏车

步骤五：组织装车

香梨装车前，首先对车辆进行检查，并设定好冷藏机温度；其次，一定要严格检查、确认香梨的包装是否合乎规范，将包装规范的香梨以合理装载方式装车。

鲜冷易腐货物装车前的注意事项：
①监督工作人员将车辆进行清洗和消毒，按照要求设定冷藏机的温度。
②认真检查冷藏运输车辆及设备的状态。
③向托运人确认运输时限和运输过程中的注意事项，并在合同货运单中注明。
④根据货物的特性确认堆码方法。
⑤检查运输货物的包装是否符合规定，之后组织进行装车。

步骤六：进行运输

运输过程中，驾驶员或跟车人员应对冷藏机温度进行严格的控制和记录。如果出现事故（包括交通事故、机械事故、冷藏机故障等），要及时报告并修复，直至货物送达目的地。

任务评价

姓名			学号		专业		
活动名称			特种货物运输组织				
考核内容		考核标准	参考分值（100）	学生自评	小组互评	教师评价	考核得分
素养评价	1	具有良好的沟通能力和团队合作精神	10				
	2	能利用网络快速、准确搜集并总结有用信息	10				
知识评价	3	掌握特种货物运输的概念	10				
	4	掌握特种货物运输的特点	10				
	5	掌握特种货物的运输条件	10				
技能评价	6	能够掌握不同特种货物的运输组织	20				
	7	能够独立完成特种货物的运输组织	20				
	8	能够准确、流畅地完成任务	10				
总得分			100				

任务拓展

请同学们分组，每个小组选取一名组长，进行特种货物运输组织的知识竞赛。知识竞赛规则：知识竞赛采取车轮战。小组分别进行抽签，抽到"1"的小组为擂主，其他小组按照抽签顺序进行挑战赛。每轮对抗赛擂主和挑战组各准备一道关于"特种货物运输"的题目，相互作答。双方均答对题目，则进入下一轮。擂主答题错误，则挑战成功，挑战组成为新擂主。擂主答题正确，则挑战赛继续进行。坚持到最后的小组为胜利者。

任务二　多式联运货物运输

任务目标

知识目标

1. 掌握多式联运的概念、分类、特点
2. 掌握多式联运运输组织的业务程序和业务内容

技能目标

1. 能够根据多式联运的特点选择正确的货物运输方式
2. 能够独立组织多式联运运输作业

素养目标

1. 具有良好的沟通能力和团队合作精神
2. 具有一定的安全意识和良好的专业行为规范
3. 能利用网络快速、准确搜集并总结有用信息

任务发布

截至2017年11月22日，好盟公司刘龙等人已经掌握了公路、铁路、水路、航空这4种常用的运输方式，为期两个月的岗前培训也已进入尾声。李琦最后想让他们对两种特殊的运输方式进一步掌握，这次培训就圆满结束了。首先来学习多式联运，这是一份天津佳瑞玩具有限公司的运输订单信息：佳瑞玩具有限公司有一批玩具要出口伊朗，玩具的发货地为天津市，交货地为伊朗的德黑兰市。这批玩具如果采用传统单一的运输方式，由佳瑞玩具分别与铁路、航空或汽车运输公司签订合同进行运输，将会耗费大量人力和物力。如果委托一家多式联运的企业运输，享受"门到门"的服务，就会使这项工作变得简单、快捷，因此佳瑞玩具委托好盟公司来负责此次运输。李琦是此次运输的负责人，刘龙等人该怎么协助他完成此次运输呢？

任务资讯

一、多式联运的概念、分类、特点

1. 多式联运的概念

多式联运（见图6-2-1）是指使用多种运输方式，利用各种运输方式各自的内在经济，在最低的成本条件下提供综合性服务。这种设法把不同的运输方式综合起来的方式，也称为"一站式"运输。最早的多式联运是铁路与公路相结合的运输方式，通常称为驮背式运

输服务。现在，人们越来越强烈地意识到多式联运将成为一种重要的手段来提供高效的运输服务。

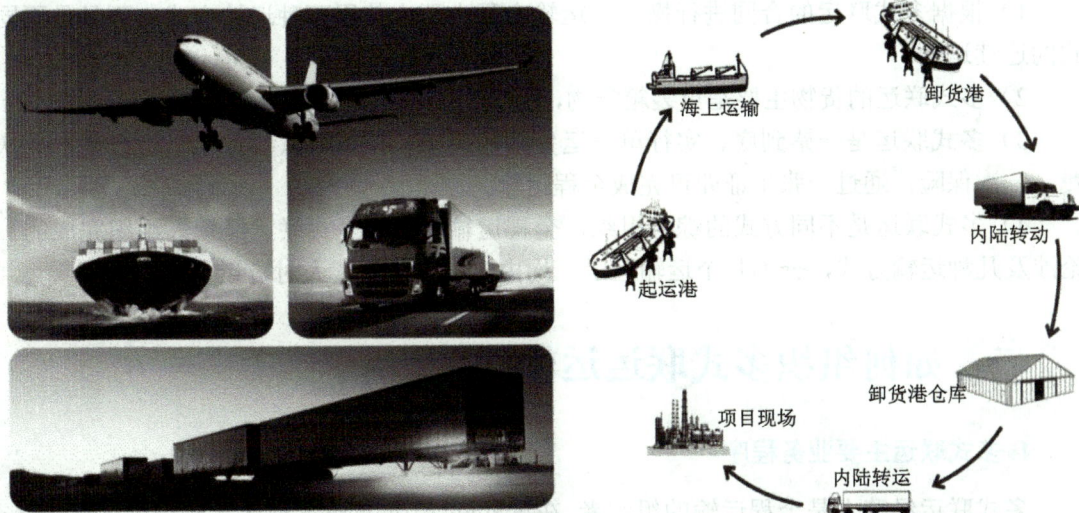

图6-2-1　多式联运

看一看

打开资源包，阅读案例"中国铁路'走出去'，论铁路集装箱多式联运的发展"，并回答下列问题。

1. 《规划》从政策层面提出了什么？
2. 信息开放共享的重要性体现在哪些方面？
3. 结合案例及所学知识，谈谈集装箱多式联运的意义。

2. 多式联运的分类

根据不同的原则，多式联运可以有多种分类形式。但就其组织方式和体制来说，基本上可分为协作式多式联运和衔接式多式联运两大类。

（1）协作式多式联运

协作式多式联运是指两种或两种以上运输方式的运输企业，按照统一的规章或商定的协议，共同将货物从接管货物的地点运到指定交付货物的地点的运输。

（2）衔接式多式联运

衔接式多式联运是指由一个多式联运企业（以下称多式联运经营人）综合组织两种或两种以上运输方式的运输企业，将货物从接管货物的地点运到指定交付货物的地点的运输。在实践中，多式联运经营人既可能由不拥有任何运输工具的国际货运代理、场站经营人、仓储经营人担任，也可能由从事某一区段的实际承运人担任。但无论如何，他都必须持有国家有关主管部门核准的许可证书，能独立承担责任。

3. 多式联运的特点

1）根据多式联运的合同进行操作，运输全程中至少使用两种运输方式，而且是不同方式的连续运输。

2）多式联运的货物主要是集装箱货物，具有集装箱运输的特点。

3）多式联运是一票到底、实行单一运费率的运输。发货人只要订立一份合同，一次付费，一次保险，通过一张单证即可完成全程运输。

4）多式联运是不同方式的综合组织，全程运输均是由多式联运经营人组织完成的。无论涉及几种运输方式，分为几个运输区段，均由多式联运经营人对货运全程负责。

二、如何组织多式联运运输

1. 多式联运主要业务程序

多式联运经营人是全程运输的组织者，在多式联运中，其业务程序主要有以下几个环节，见表6-2-1。

表6-2-1　多式联运主要业务程序

业务程序	多式联运经营人	发货人或代理人
接受托运申请，订立多式联运合同	根据货主提出的托运申请和自己的运输路线等情况，判断是否接受该托运申请。如果能够接受，则双方议定有关事项后，在交给发货人或其代理人的场站收据副本上签章，证明接受托运申请，多式联运合同已经订立并开始执行	根据双方就货物交接方式、时间、地点、付费方式等达成协议，填写场站收据，并把其送至多式联运经营人处编号，多式联运经营人编号后留下货物托运联，将其他联交还给发货人或其代理人
集装箱的发放、提取及运送	多式联运中使用的集装箱一般应由多式联运经营人提供。如果双方协议由发货人自行装箱，则多式联运经营人应签发提箱单或者将租箱公司或区段承运人签发的提箱单交给发货人或其代理人，由他们在规定日期到指定的堆场提箱并自行将空箱托运到货物装箱地点准备装货	—
出口报关	—	出口报关事宜一般由发货人或其代理人办理，也可委托多式联运经营人代为办理。报关时应提供场站收据、装箱单、出口许可证等有关单据和文件
货物装箱及接收	对于由货主自装箱的整箱货物，发货人应负责将货物运至双方协议规定的地点，多式联运经营人或其代理人在指定地点接收货物。如是拼箱货，经营人在指定的货运站接收货物。验收货物后，代表联运经营人接收货物的人应在场站收据正本上签章并将其交给发货人或其代理人	—

（续）

业务程序	多式联运经营人	发货人或代理人
货物装箱及接收	若是发货人自行装箱，发货人或其代理人提取空箱后在自己的工厂和仓库组织装箱，装箱工作一般要在报关后进行，并请海关派工作人员到装箱地点监装和办理加封事宜。如需理货，还应请理货人员现场理货并与之共同制作装箱单。若发货人不具备装箱条件，可委托多式联运经营人或货运站装箱，发货人应将货物以原来形态运至指定的货运站由其代为装箱。如是拼箱货物，发货人应负责将货物运至指定的集装箱货运站，由货运站按多式联运经营人的指示装箱。无论装箱工作由谁负责，装箱人均需制作装箱单，并办理海关监装与加封事宜	—
订舱及安排货物运送	经营人在合同订立之后，即应制订货物的运输计划，该计划包括货物的运输路线和区段的划分，各区段实际承运人的选择、确定及各区段衔接地点的到达、起运时间等内容	—
办理保险	应投保货物责任险和集装箱保险，由经营人或其代理人向保险公司或以其他形式办理	应投保货物运输险。该保险由发货人自行办理，或由发货人承担费用由多式联运经营人代为办理。货物运输保险可以是全程投保，也可以分段投保
签发多式联运提单，组织完成货物的全程运输	收取货物后，多式联运经营人应向发货人签发多式联运提单。在把提单交给发货人前，应注意按双方议定的付费方式及内容、数量向发货人收取全部应付费用。多式联运经营人有完成或组织完成全程运输的责任和义务	—
运输过程中的海关业务	按惯例国际多式联运的全程运输均应视为国际货物运输。因此，该环节工作主要包括货物及集装箱进口国的通关手续，进口国内陆段保税运输手续及结关等内容。如果陆上运输要通过其他国家海关和内陆运输线路，还应包括这些海关的通关及保税运输手续	涉及海关的手续一般由多式联运经营人的派出机构或代理人办理，也可由各区段的实际承运人作为多式联运经营人的代表办理，由此产生的全部费用应由发货人或收货人负担
货物交付	当货物运至目的地后，由目的地代理通知收货人提货	收货人需凭多式联运提单提货，多式联运经营人或其代理人需按合同规定，收取收货人应付的全部费用。收回提单后签发提货单，提货人凭提货单到指定堆场和集装箱货运站提取货物。如果整箱提货，则收货人要负责至掏箱地点的运输，并在货物掏箱后将集装箱运回指定的堆场，至此运输合同终止
货运事故处理	多式联运经营人根据提单条款及双方协议确定责任并做出赔偿。如果已对货物及责任投保，则存在要求保险公司赔偿和向保险公司进一步追索的问题。如果受损人和责任人之间不能取得一致，则需在诉讼时效内通过提起诉讼和仲裁来解决	如果全程运输中发生了货物灭失、损害和运输延误，无论是否能确定发生的区段，发（收）货人均可向多式联运经营人提出索赔

看一看

　　打开资源包，阅读案例"国际货运险必备知识——国际多式联运的运输组织形式"，并回答下列问题。

　　1. 结合案例，简述国际多式联运的内涵。

　　2. 结合案例，你认为海空联运的特点主要体现在哪些方面？

2. 多式联运的运输组织业务

多式联运的运输组织业务主要包括以下内容。

1）货源组织。主要包括：搜集和掌握货源信息，加强市场调查和预测，建立与货主的联系机制，组织货物按期发运、组织货物均衡发运和组织货物合理运输。

2）制订运输计划。主要包括：选择各票货物运输路线、运输方式、各区段的实际承运人及代理人，确定运输批量，编制订舱计划、集装箱调用计划、装箱接货计划及各批货物的运输计划等。

3）组织各项计划的实施。主要包括：与各区段选择的实际承运人签订分运合同，将计划下达给有关人员或机构，监督其按计划进行工作，及时了解执行情况，并组织有关信息传递工作。

4）计划执行情况监督及计划的调整。

根据计划及执行反馈信息检查、督促各区段、各转接点的工作，如出现问题则对计划进行必要调整，并把有关信息及时传给有关人员和机构，以便执行新的指令。

5）组织货物交付、事故处理及集装箱回运等工作。

小贴士

多式联运合同下之放货纠纷

　　青海某经贸有限公司与朝鲜某公司签订了销售合同，合同约定：青海公司向朝鲜公司出口价值18万美元的印染布。青海公司为履行该合同的交货义务，与天津某海运公司签订了多式联运合同，要求天津公司将货物从天津新港运至朝鲜新义州。在发货时，青海公司应天津公司的要求，向天津公司出具了一个声明，声明表示朝鲜买方为唯一合法的收货人，提单只作为议付单据。货物出运时，天津公司签发了联运提单，该提单托运人提供细目一栏中注有"仅作议付用"字样。青海公司交付货物后，天津公司将涉案货物从海路运至大连后转为公路运至丹东，最后通过铁路运至朝鲜新义州。由于收货人朝鲜公司未向青海公司支付货款，青海公司遭受了18余万美元的损失，如果在朝鲜起诉，拿回钱的希望渺茫，青海公司因其持有全套运输单证，决定向海事法院提起诉讼，请求法院判令天津公司承担无单放货的赔偿责任。

　　一审海事法院认为，原告不应要求涉案运输的承运人天津公司承担无正本提单放货的赔偿责任。根据我国《海商法》的规定，构成无单放货的基础，在于提单具有承运人保证据已交付货物的物权凭证这一功能，而本案所涉提单，因双方在运输合同中约定，朝鲜买方为唯一合法的收货人，提单只作为议付单据。该提单已经丧失了作为交货凭证和物权凭证的功能。因此，被告按照联运合同的约定，将货物交付合同指定的收货人后，原告要求承运人天津公司赔偿责任，理由显属不当，不应支持。因此，判决驳回原告青海公司的诉讼请求。

原告不服提出上诉，二审高级法院认为，本案的运输方式是多式联运，货物是由天津经海路运至大连，最后一段从丹东经铁路运至朝鲜新义州。承运人天津公司提供的铁路运单，只能证明其将货物交付铁路运输，不能证明将货物交付了青海公司指定的收货人。判决撤销了一审法院的判决，判令天津公司赔偿青海公司货款损失18万美元。

天津公司不服二审法院的终审判决向最高人民法院提起再审申请。再审认为，一审法院适用法律不准确，但判决结果正确。二审法院认定的部分事实不清，适用法律不当。最高法院认为，根据涉案多式联运单证——提单的记载，货物的装货港为天津新港，交货地点为朝鲜的新义州，该案是一起国际多式联运合同纠纷，青海公司是托运人，天津公司是多式联运经营人。由于青海公司凭多式联运合同、提单起诉天津公司，而提单背面均约定适用中华人民共和国的法律，所以该案件的准据法应该是中国法。由于该案涉及的海运段是自天津至大连，不属于国际海上运输，本案在适用法律上不能适用我国《海商法》，应当适用我国《合同法》。根据合同法的规定，货物的毁损、灭失发生在多式联运某一区段的，多式联运经营人的赔偿责任和赔偿限额适用该区段运输方式的有关规定。本案纠纷发生在货物交付区段，最后的运输方式是丹东至新义州的铁路运输，故应适用有关铁路运输的有关法律规定。中朝两国虽为《国际铁路货物联运协议》的参加国，但是该协定第二条第三目规定：两邻国车站间，全程都用一国铁路的列车，并按照该路现行的国内规章办理货物运送的，不适用该协定。故该协定不适用本案。现有铁路运输法律法规中亦无承运人有收回正本提单义务的规定。由于双方当事人签订的多式联运合同、提单等均合法有效，货物出口委托书和青海公司签署的声明均可以作为合同的组成部分，其中的提单为不可转让的单据。依据合同中关于唯一收货人为朝鲜某公司的约定，天津公司仅负有将货物交付朝鲜公司的合同义务。青海公司主张天津公司负有收回正本提单的义务依据不足。

在终审期间天津公司提供的经我国铁道部有关部门出具的证明，证明货物已经由铁路运输交付给收货人。天津公司已经履行了运输合同约定的义务。再审还认为，根据民事诉讼法规定谁主张、谁举证，青海公司主张被告没有将货物交付实际收货人，应承担举证责任。依据以上理由，再审撤销了二审的判决，维持了一审的判决。青海公司最终没有得到赔偿。

任务操作

步骤一：委托运输、联运准备

佳瑞玩具有限公司在货物运输计划7天向好盟公司办理托运手续，订立多式联运合同。好盟公司根据佳瑞玩具的托运书向铁路部门订车，并向船东订舱，办理提空箱手续。

步骤二：提取空箱、货装空箱

好盟公司向天津铁路集装箱中心办理调运计划，安排空箱运输，空箱抵达天津佳瑞玩具有限公司后及时安排装箱，如图6-2-2所示。

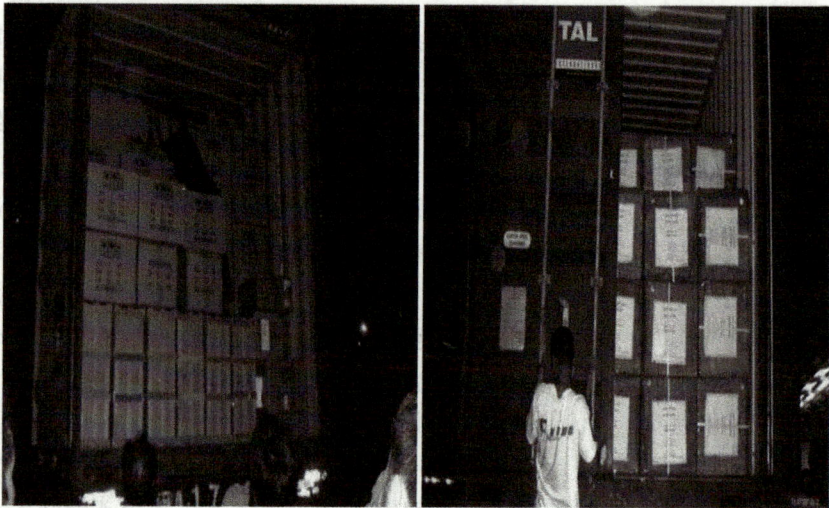

图6-2-2　集装箱装箱

步骤三：报关报检、集装箱装车

好盟公司在集装箱装完货后，向天津海关办理报关报检手续，手续完成后，装车，如图6-2-3所示。

图6-2-3　集装箱装车

步骤四：海关通关、装船

货柜抵达订船的港口地宁波后，好盟公司即在宁波海关办理相关手续并制作货运单据。海关放行后，按照合同计划，将货物交付船公司，待货物装船（见图6-2-4）后，即通知佳瑞玩具有限公司开船信息，并安排提单的发放。

图6-2-4　集装箱装船

步骤五：进行信息流转

好盟公司不断跟踪货物运输信息，并将相关单据寄送给公司在伊朗合作的代理公司，待货物到达后安排与收货人的交接手续。

任务评价

姓名			学号		专业	
活动名称		多式联运货物运输				
考核内容		考核标准	参考分值（100）	学生自评	小组互评	教师评价	考核得分
素养评价	1	具有良好的沟通能力和团队合作精神	10				
	2	能利用网络快速、准确搜集并总结有用信息	10				
知识评价	3	掌握多式联运的概念、分类、特点	15				
	4	掌握多式联运运输组织的业务程序和业务内容	15				
技能评价	5	能够根据多式联运的特点选择正确的货物运输方式	20				
	6	能够独立组织多式联运运输作业	20				
	7	能够准确、流畅地完成任务	10				
总得分			100				

　　国际集装箱多式联运因其显著的特点，在国际物流中占据着重要的地位。在"一带一路"倡议的推动和实施下，我国对铁路多式联运基础设施建设的投入和重视程度也在不断地加大，那么国家对于多式联运的战略支持都体现在哪些方面呢？请你通过书籍或者网络查询国家近五年出台的关于多式联运的相关文件或者通知，来具体了解一下吧！

任务三　集装箱货物运输组织

任务目标

知识目标
1. 掌握集装箱运输的概念、特点、分类
2. 掌握集装箱运输的组织和货物交接方式

技能目标
1. 能够根据集装箱运输的特点选择正确的运输方式
2. 能够熟练操作集装箱运输日常组织工作

素养目标
1. 具有良好的沟通能力和团队合作精神
2. 具有一定的安全意识和良好的专业行为规范
3. 能利用网络快速、准确搜集并总结有用信息

任务发布

　　2017年11月25日，好盟公司的刘龙等人已经掌握了多式联运操作实务，对集装箱也已经有所了解。其实，多式联运与集装箱联系紧密，李琦决定这次不给他们资料了，让刘龙等人自己去搜集资料，学习掌握集装箱运输的相关知识。这也是最后一次培训，前面培训过程中刘龙等人的表现令他很欣慰，刘龙等人会怎么去完成此次任务呢？

一、集装箱的概念、特点和分类

1.集装箱的概念和特点

集装箱的概念和特点，见表6-3-1。

表6-3-1 集装箱的概念和特点

概念	特点	介绍
指以集装箱这种大型容器为载体，将货物集合组装成集装单元，以便在现代流通领域内运用大型装卸机械和大型载运车辆进行装卸、搬运作业和完成运输任务，从而更好地实现货物"门到门"运输的一种新型、高效率和高效益的运输方式	运输效益大	①简化包装，大量节约包装费用 ②减少货损货差，提高货运质量 ③减少营运费用，降低运输成本
	运输效率高	集装箱运输实现了全部机械化作业的高效率运输方式。将不同形状、尺寸的多件杂货装入具有标准规格的集装箱内进行运输从根本上解决了现代化生产的标准化问题，为实现高效率的机械化作业创造了最为重要的条件
	运输质量好	集装箱运输是保证货运质量、简化货物包装的运输方式。集装箱具有坚固密封的箱体，一般来说不易发生盗窃事故，且能防止恶劣天气对箱内货物的侵袭。运输和装卸过程中，与外界接触的是箱体而非货物，因而货物破损事故大为减少，对货物的包装要求也不像传统散运那样严格
	便于多式联运	由于集装箱运输在不同运输方式之间换装时，无须搬运箱内货物而只需换装集装箱，这就提高了换装作业效率，适于不同运输方式之间的联合运输。在换装转运时，海关及有关监管单位只需加封或验封转关放行，从而提高了运输效率
	对协作的要求高	集装箱运输涉及面广、环节多、影响大，是一个复杂的运输系统工程。集装箱运输系统包括海运、陆运、空运、港口、货运站以及与集装箱运输有关的海关、商检、船舶代理公司、货运代理公司等单位和部门。如果互相配合不当，就会影响整个运输系统功能的发挥，如果某一环节失误，必将影响全局，甚至导致运输生产停顿和中断。因此，要搞好整个运输系统各环节、各部门之间的高度协作

看一看

集装箱运输过程中，你知道企业是如何进行集装箱称重的吗？打开资源包，观看视频"如何给集装箱称重"。

1.给集装箱称重有哪些方式？

2.请简述称重后，企业如何进行数据传输，从而实现最终的装货工作。

2. 集装箱运输的分类

集装箱（见图6-3-1）运输根据集装箱数量和方式可以分为整箱和拼箱两种。

图6-3-1　集装箱

（1）整箱（Full Container Load，FCL）

整箱是指货主将货物装满整箱之后，以箱为单位托运的集装箱。一般做法是由承运人将空箱运到工厂或者仓库后，货主把货装入箱内、加封、铅封后交给承运人，并取得站场收据，最后用站场收据换取提单。

（2）拼箱（Less Than Contain Load，LCL）

拼箱是指承运人或者代理人接受货主托运的数量不足以装整箱的小票货物之后，根据货类性质和目的地进行分类、整理、集中、装箱、交货等，这些工作均在承运人码头集装箱货运站或者内陆集装箱运转站进行。

二、如何组织集装箱运输

1. 集装箱货源组织

（1）集装箱货源

关于集装箱的适箱货源，交电、仪器、小型机械、玻璃陶瓷、工艺品，印刷品及纸张、医药、烟酒食品、日用品，化工品、纺织品和小五金等杂货，贵重、易碎、怕湿的货物均属于集装箱运输货物。

（2）日常货源组织工作

做好日常货源的组织工作，对于组织合理运输，充分利用现有设备能力有着十分重要的意义。日常货源组织对于货物的品种、数量、流向、时间都有着一定的要求，对于不同品种的货物要详细了解其尺寸、外形、重量和需要的集装箱类型及数量等；在流向上要给出货物到站、港，以便组织拼装货；在时间上按照运输作业的需要进行货源的组织工作。日常货源组织工作是一项十分重要又十分细致的工作，要产、运、销共同配合完成。

小贴士

集装箱运输货损当事人赔偿责任的确定

A公司（以下称发货人）将装载布料的6个集装箱委托一家国际货运代理公司（以下称货代）拖运到香港装船去西雅图港，集装箱在西雅图港卸船后再通过铁路运抵交货地（底特律）。该批出口布料由货代出具全程提单，提单记载装船港香港、卸船港西雅图、交货地底特律，运输条款CY-CY，提单同时记载"由货主装载、计数"的批注。集装箱在香港装船后，船公司又签发了以货代为托运人的海运提单，提单记载装船港香港、卸船港西雅图、运输条款CY-CY。

集装箱在西雅图港卸船时，6个集装箱中有3个外表有较严重破损，货代在西雅图港的代理与船方代理对此破损做了记录，并由双方在破损记录上共同签章。三个集装箱在运抵底特律后，收货人开箱时发现外表有破损的集装箱内布料已严重受损，另一集装箱尽管箱子外表状况良好，但箱内布料也有不同程度受损，此后，收货人因货损与发货人、货代、船公司发生了争执。

2. 集装箱运输工作组织

集装箱运输工作（见表6-3-2）组织，可以分为发送作业、中转作业和交付作业3部分，以铁路集装箱运输（见图6-3-2）组织工作为例进行说明。

图6-3-2 铁路集装箱运输

表6-3-2　铁路集装箱运输工作组织

组织流程	具体内容
发送作业	在发站装运之前各项货运作业包括集装箱承运前的组织工作和承运后至装运前的作业。具体包括货主要明确使用集装箱运输的条件及有关规定，如必须在指定的集装箱办理站，按站内规定承运日期办理等
中转作业	集装箱运输除了由发站至到站的形式外，还有一部分集装箱要经过中转才能至到站。中转站的任务是负责将到达中转站的集装箱迅速按去向、到站重新配装继续发往到站
交付作业	装运集装箱的货车到货场后需要办理的卸车和向货主办理交付手续等工作，具体包括卸车作业、交付作业。铁路货运员根据车站的卸车计划及时安排货位，核对运单、货票、装载清单与集装箱箱号、印封号是否一致及是否需要逐箱检查，卸车；卸车完毕后填写到达记录。最后，由货运室通知发货人。门到门的集装箱由铁路货运员与收货人代理共同核对箱号，检查箱体封印，确认无误后，填发门到门运输作业单，并在作业单上签收

3. 集装箱运输货物交接方式

集装箱运输中，整箱货和拼箱货在船货双方之间的交接方式见表6-3-3。

表6-3-3　集装箱运输货物交接方式

交接方式	主要内容
门到门	由托运人负责装载的集装箱，在其货仓或工厂仓库交承运人验收后，由承运人负责全程运输，直到收货人的货仓或工厂仓库交箱为止。这种全程连续运输，称为"门到门"运输
门到场	由发货人货仓或工厂仓库至目的地或卸箱港的集装箱装卸区堆场
门到站	由发货人货仓或工厂仓库至目的地或卸箱港的集装箱货运站
场到场	由起运地或装箱港的集装箱装卸区堆场至收货人的货仓或工厂仓库
场到站	由起运地或装箱港的集装箱装卸区堆场至目的地或卸箱港的集装箱装卸区堆场
站到门	由起运地或装箱港的集装箱货运站至收货人的货仓或工厂仓库
站到场	由起运地或装箱港的集装箱货运站至目的地或卸箱港的集装箱装卸区堆场
站到站	由起运地或装箱港的集装箱货运站至目的地或卸箱港的集装箱货运站

任务操作

步骤一：搜集资料，掌握资料

刘龙等人分头去搜集资料，然后汇总，集体学习后，为了更好地熟悉这些理论，他决定以"一站到底"（见图6-3-3）抢答游戏的方式来学习掌握相关知识，其他人都觉得可行。

图6-3-3　"一站到底"游戏

他归纳总结了以下5个问题：

1）集装箱的概念是什么？

2）集装箱的特点有哪些？

3）集装可以分为几类？都有什么？

4）集装箱运输都有哪些作业？简述其内容。

5）集装箱的交接方式有哪几种？

首先刘龙宣读问题，其他人认真听题。在宣布"开始抢答"时才可以举手抢答。获得抢答权的进行回答，回答正确继续留下，回答错误退出比赛。依次循环，站到最后的两人获胜。

步骤二：情境模拟集装箱运输

以小组为单位，每个小组3人。每个小组分别模拟货运代理公司业务员、集装箱堆场工作人员和托运人。准备好小纸箱和便笺纸。小纸箱相当于集装箱，便笺纸用来填写相关货物信息。各小组进行角色模拟，完成集装箱运输组织工作。

（1）发送作业

托运人明确使用集装箱运输的条件及有关规定，在指定的集装箱办理站，按站内规定承运日期办理发送作业手续，办理站进行受理、审核、装箱等。

（2）中转作业

中转站的任务是负责将到达中转站的集装箱迅速按去向、到站重新配装继续发往到站，每个小组可以和其他小组合作完成货物中转作业。

（3）交付作业

具体包括卸车作业、交付作业、铁路货运员根据车站的卸车计划及时安排货位，核对运单、货票、装载清单与集装箱箱号、印封号是否一致、是否需要逐箱检查，卸车；卸车完毕后填写到达记录。最后，由货运室通知发货人提货。

步骤三：整理学习心得

学习名称	集装箱运输实务

学习后的心得体会：

任务评价

姓名			学号			专业	
活动名称		集装箱货物运输组织					
考核内容		考核标准	参考分值（100）	学生自评	小组互评	教师评价	考核得分
素养评价	1	具有良好的沟通能力和团队合作精神	10				
	2	能利用网络快速、准确搜集并总结有用信息	10				
知识评价	3	掌握集装箱运输的概念、特点、分类	15				
	4	掌握集装箱运输的组织和货物交接方式	15				
技能评价	5	能够根据集装箱运输的特点选择正确的运输方式	20				
	6	能够熟练操作集装箱运输日常组织工作	20				
	7	能够准确、流畅地完成任务	10				
总得分			100				

任务拓展

请同学们通过网络或书籍等渠道，分组调研我国集装箱的应用情况及发展趋势后回答下列问题。

1）集装箱运输的优势与弊端各有哪些？请举例说明。

2）智能集装箱的运用现状如何？

参 考 文 献

[1] 王阳军,芦娟.物流运输业务操作与管理[M].北京:化学工业出版社，2018.

[2] 马华，朱紫茂.物流运输管理实务[M].2版.北京：中国轻工业出版社,2018.

[3] 谢毅松.运输实务管理[M].北京：中国发展出版社,2015.

[4] 梁金萍.运输管理[M].北京：机械工业出版社,2015.

[5] 邝雨.运输作业实务[M].北京：科学出版社,2011.

参考文献

[1] 陈××. 仿真技术基础与应用[M]. 北京: 科学出版社, 2018.
[2] 李××. 机械设计基础[M]. 北京: 中国工业出版社, 2018.
[3] 王××. 控制工程[M]. 北京: 中国铁道出版社, 2015.
[4] 张××. 自动控制原理[M]. 北京: 机械工业出版社, 2015.
[5] 刘××. 电子技术[M]. 北京: 科学出版社, 2017.